Die Staatskonkurs-Aufgaben

für den

höheren Justiz- und Verwaltungsdienst

im Königreich Bayern.

Die Aufgaben im Jahre 1896.

Mit hoher ministerieller Genehmigung.

München 1897.
J. Schweitzer Verlag (Arthur Sellier).

Aufgabe
aus dem Landeszivilrechte.

1. Der Kaufmann Fischer hat am 1. Februar 1895 an die Order des Kaufmanns Stein einen am 1. Mai 1896 zahlbaren eigenen Wechsel über 1000 ℳ ausgestellt und für diese Wechselforderung zu Gunsten des Stein und der Indossatare auf seinem Hause Hypothek bestellt. Stein hat den Wechsel noch am 1. Februar 1895 an den Hausbesitzer Katz um 980 ℳ veräußert und mit Namensindossament übertragen. Katz hat sich zum Erwerbe des Wechsels um diesen Preis entschlossen, weil er sich durch Einsicht des Hypothekenbuches davon überzeugt hatte, daß sich die Behauptung des Stein, auf dem Hause des Fischer sei für den jeweiligen Wechselgläubiger an erster Stelle Hypothek eingetragen, in Richtigkeit verhielt. Am 4. März 1896 ist über das Vermögen des inzwischen wegen Geisteskrankheit entmündigten Kaufmanns Fischer der Konkurs eröffnet worden.

Katz verlangt abgesonderte Befriedigung aus dem Hause des Fischer und, soweit er hiebei nicht gedeckt wird, Befriedigung aus der Konkursmasse.

Der Konkursverwalter wendet ein:

Sowohl Fischer als Stein seien seit Ende 1894 geistesgestört und handlungsunfähig. Beide seien deshalb im Dezember 1895 entmündigt worden. Katz stehe daher gegen Fischer keine Forderung zu. Hieran ändere auch der Umstand nichts, daß im Februar 1895 die Geisteskrankheit des Fischer und des Stein nur deren Ehefrauen und nächsten Verwandten bekannt gewesen sei. Abgesehen davon sei die Abtretung der hypothekarisch gesicherten Wechselforderung nicht notariell beurkundet worden und deshalb rechtsunwirksam; es fehle sohin an der Aktiv-Legitimation des Katz.

Ist das Verlangen des Katz gerechtfertigt, wenn sich ergibt:

1. daß sowohl Fischer als Stein am 1. Februar 1895 geistig gesund waren,
2. daß zwar Fischer nicht aber Stein am 1. Februar 1895 geisteskrank und handlungsunfähig war,
3. daß zwar Stein nicht aber Fischer am 1. Februar 1895 geisteskrank und handlungsunfähig war.

---

2. Der am 1. August 1896 in Felden verstorbene ledige Privatier Johann Huber von Augsburg hinterließ an Verwandten seine Eltern, eine vollbürtige Schwester Maria, einen vollbürtigen Bruder Joseph und zwei Kinder eines vorverstorbenen vollbürtigen Bruders Anton.

Am 17. Juli 1896 hatte er vor dem Notar Krembs in Ried mit seinem Freunde, dem Oberförster Rieß von Felden einen Erbvertrag geschlossen, in welchem für den nun eingetretenen Fall des Vorablebens des Huber bestimmt war:

„Sollte aber ich, Johann Huber, zuerst sterben, so sollen mich mein Freund Rieß zu $^2/_3$ und mein Freund Straßer, Ober-Amtsrichter in Ried, zu $^1/_3$ beerben. Sie müssen jedoch meiner Mutter und ebenso meinem Bruder Joseph 600 ℳ hinausbezahlen. Meine Schwester Maria, die bisher meine Haushaltung geführt hat und nun selbst bei mir an einem Herzleiden krank darniederliegt, soll mein Haus erhalten. Dafür soll sie meinem Vater sofort nach meinem Tode aus ihren beträchtlichen Ersparnissen 600 ℳ in Baar ausbezahlen und ihm seinerzeit das Haus hinterlassen. Sollte mein Vater hiermit nicht zufrieden sein, so soll er nur den Pflichtteil erhalten."

Bei der Nachlaßverhandlung erklärte der Vater, daß

er das Vermächtnis ausschlage und seinen Pflichtteil verlange. Die Mutter nahm das Vermächtnis an, forderte jedoch dessen Erhöhung auf den Pflichtteil. Die übrigen Beteiligten erkannten die letztwillige Verfügung des Johann Huber an.

Wie ist der Nachlaß zu verteilen, wenn er einschließlich des Hauses, welches Maria Huber um den wertentsprechenden Betrag von 3000 ℳ veräußert hat, 9000 ℳ beträgt?

Bei der Bearbeitung sind neben den Reichsgesetzen die für das rechtsrheinische Bayern geltenden Gesetze sowie das Gemeine Recht und die für das ganze Gebiet des Gemeinen Rechtes in Bayern geltenden Landesgesetze zu Grund zu legen.

Die Entscheidungen sind zu begründen.

I. Aufgabe
aus dem Reichszivilrechte und Zivilprozeßrechte.

1. Der Rentner Eugen Schwarz in München hat am 1. März 1896 durch Blankogiro den nachstehend beschriebenen Wechsel erworben:

Angenommen
August Zahn.
Angenommen, Protest und
Präsentation erlassen.
F. G. Goldschmidt.

Vorderseite.

München, 1. Februar 1896.

Gegen diesen meinen Primawechsel zahlen Sie an die Order von mir selbst die Summe von 1000 ℳ (eintausend Mark) drei Monate a dato.

Friedrich Brugger.

Herrn
August Zahn in Landsberg;
zahlbar bei der Reichsbanknebenstelle
in Augsburg.
Im Falle der Not F. G. Goldschmidt in Augsburg.

Rückseite.

Friedrich Brugger.

Schwarz, der den Wechsel zur Zahlung nicht präsentierte, weil er sich in den ersten Tagen des Mai im Auslande befand, beauftragte am 15. Mai 1896 den Kaufmann Alfred Stern in Augsburg, den Wechsel einzuziehen, und indossierte deshalb den Wechsel an Stern „zur Einkassierung." Schon am 31. Mai aber verlangte er brieflich den Wechsel zurück, um ihn selbst einzuziehen. Stern ließ den Brief unbeachtet und präsentierte den Wechsel am 1. Juni 1896 bei F. G. Goldschmidt in Augsburg. Goldschmidt, ein Schwager und Schuldner des Zahn, leistete sofort Zahlung, obwohl er wußte, daß zwei Tage vorher von einem seiner Gläubiger der Antrag auf Eröffnung des Konkurses über sein Vermögen gestellt worden war. Stern schickte den Wechsel, den Goldschmidt sich aus Versehen nicht hatte aushändigen lassen, an Schwarz zurück und verbrauchte das Geld für sich. Ueber das Vermögen des Goldschmidt ist am 2. Juni 1896 der Konkurs eröffnet worden.

Der Konkursverwalter verlangte nun die Wechselsumme von Schwarz zurück, da Schwarz von dem Antrag auf Eröffnung des Konkurses über das Vermögen des Goldschmidt Kenntnis gehabt habe. Schwarz entgegnete: Erst jetzt erfahre er von der an Stern geleisteten Zahlung. Zum Ersatze dieser Zahlung sei er nicht verpflichtet, denn Stern habe von dem Antrag auf Konkurseröffnung nichts gewußt, auf dessen Kenntnis allein aber komme es an. Daß er selbst von dem Antrag Kenntnis gehabt habe, sei schon deshalb gleichgiltig, weil Stern die Wechselsumme habe annehmen müssen, um das Regreßrecht nicht zu verlieren. Das von ihm dem Stern erteilte Indossament sei durch den Widerruf erloschen; die an Stern nach dem Widerrufe geleistete Zahlung berühre ihn nicht, da er von Stern nichts erhalten habe und auch nichts erlangen könne. Er werde deshalb seine Wechselforderung als Konkursforderung anmelden.

Der Konkursverwalter bestritt die thatsächlichen Angaben des Schwarz nicht, beharrte jedoch auf seinem Anspruch und erhob Klage gegen Schwarz zum Landgericht München I.

Schwarz meldete seine Wechselforderung als Konkursforderung an und erhob, als die Forderung vom Konkursverwalter im Prüfungstermine bestritten wurde, gegen den Konkursverwalter die Feststellungsklage und gegen Zahn die Klage auf Bezahlung des Wechsels.

Sind diese drei Klagen begründet?

Kann Schwarz die Feststellung seiner Konkursforderung widerklagsweise in dem vom Konkursverwalter gegen ihn angestrengten Prozesse betreiben?

---

2. Der Kaufmann Maier hat von dem Landwirte Anton Müller laut eines vollstreckbaren Urteils vom 10. September 1895 10,000 ℳ zu fordern. Zu Gunsten dieser Forderung haben am 3. Februar 1896

1. Anton Müller und seine mit ihm in allgemeiner Gütergemeinschaft lebende Gattin Anna Müller auf dem Grundstücke Pl. Nr. 1, das Anna Müller bei ihrer Verheiratung im Januar 1896 in die Ehe gebracht hat,
2. Anton Müller und sein Bruder Karl Müller auf dem Grundstück Pl. Nr. 2, dessen Eigentum zu $^2/_3$ dem Anton Müller, zu $^1/_3$ dem Karl Müller zusteht,
3. Karl Müller auf dem ihm allein gehörigen Grundstücke Pl. Nr. 3

Hypothek bestellt.

Am 2. Mai 1896 hat Maier die Beschlagnahme der Grundstücke Pl. Nr. 1, 2 und 3 zum Zwecke der Zwangsversteigerung erwirkt. Am 4. Mai 1896 ist über das Vermögen des Anton Müller der Konkurs eröffnet worden.

Kann Maier aus der Konkursmasse für seine volle Forderung oder nur für den Betrag verhältnismäßige Befriedigung verlangen, mit welchem er bei der Versteigerung der Plan-Nummern 1, 2 und 3 ausfällt?

Neben den Reichsgesetzen haben die Kandidaten, welche die Prüfung in den Landesteilen rechts des Rheins ablegen, das Gemeine Recht mit den für das Gebiet des Gemeinen Rechtes in Bayern geltenden Landesgesetzen, die Kandidaten, welche die Prüfung in der Pfalz ablegen, das dort geltende Landesrecht anzuwenden.

Die Entscheidungen sind zu begründen.

II. Aufgabe aus dem Reichszivilrechte und Zivilprozeßrechte.

1. Der Kaufmann Stein hat am 2. August 1896 seiner Geliebten Anna Müller eine Aktie der Münchener Makler-Bank im Nennwerte von 1000 ℳ und im Kurswert von 1200 ℳ geschenkt und übergeben, weil er, wie der Anna Müller wohl bekannt war, überschuldet war und Pfändungen seiner Gläubiger befürchtete. In der That versuchte auch bereits am 4. August 1896 der Kaufmann Werner, der von Stein auf grund eines am 2. Juni 1896 erlassenen, am 9. Juli 1896 rechtskräftig gewordenen Urteils 1400 ℳ Darlehen zu forden hatte, die Pfändung der beweglichen Habe des Stein.

Diese Pfändung war jedoch erfolglos, da Stein pfändbare Sachen nicht besaß. Werner focht nunmehr die Schenkung vom 2. August 1896 an und erhob am 2. Oktober 1896 gegen Anna Müller, die am 1. September 1896 die im Kurse gestiegene Aktie um 1400 ℳ verkauft hatte, Klage mit der Bitte, die Anna Müller zu verurteilen, an ihn zur Tilgung seiner Forderung an Stein 1400 ℳ zu bezahlen.

Anna Müller bat die Klage abzuweisen und brachte vor:

Der Kläger habe von ihrem Vater Anton Müller am 1. Juni und 1. Juli 1896 zwei am 1. August 1896 rückzahlbare Darlehen von je 700 ℳ erhalten. Die eine Dahrlehensforderung habe ihr Vater, der dem Stein 700 ℳ geschuldet habe, am 1. Juli zur Tilgung seiner Schuld an Stein an diesen cediert, die andere Darlehensforderung habe ihr Vater am 1. August 1896 ihr abgetreten. Der Kläger sei von diesen beiden Cessionen durch die Urkunden des Gerichtsvollziehers Geiger vom 30. Juli und 3. August 1896 verständigt worden. Sie sei, so lange der Kläger nicht diese beiden Darlehen zurückzahle, zu einer Leistung an den Kläger nicht verpflichtet und mache diese beiden Forderungen dem Kläger gegenüber aufrechnungsweise geltend. Unter keinen Umständen aber sei sie gehalten, an Werner mehr als 800 ℳ zu bezahlen, da der Kurs der Makleraktien seit dem 15. September 1896 nur mehr 80% betrage.

Der Kläger gab die Richtigkeit der thatsächlichen Behauptungen der Beklagten zu, beharrte aber auf der Klagsbitte.

Wie ist zu entscheiden?

---

2. Das Landgericht Ried hat durch Urteil vom 2. Dezember 1895 auf Anfechtungsklage des vom Amtsgerichte Ried wegen Geisteskrankheit entmündigten Privatiers Maier von Ried, welchem von dem Vorsitzenden der Rechtsanwalt Huber als Vertreter beigeordnet war, die Entmündigung aufgehoben. Gegen dieses Urteil hat der Staatsanwalt die Berufung eingelegt.

Der im Verhandlungstermine vor dem Berufungsgerichte persönlich erschienene Maier erklärte, er lehne den Staatsanwalt wegen Befangenheit ab. Der Rechtsanwalt Fischer, welchen der Rechtsanwalt Huber als Prozeßbevollmächtigten für die Berufungsinstanz bestellt hatte, erklärte, er könne sich diesem Antrage nicht anschließen. Daraufhin ersuchte Maier den Rechtsanwalt Fischer, die Vertretung niederzulegen. Fischer erwiderte, er lege zwar die Vertretung nicht nieder, allein da er die Sache für aussichtslos halte, werde er in der Verhandlung nicht weiter auftreten. Maier sowie Rechtsanwalt Fischer entfernten sich sodann.

Der Staatsanwalt beantragte hierauf, das Ablehnungsgesuch als unzulässig zu verwerfen und die Anfechtungsklage des Maier durch Versäumnisurteil abzuweisen, und erklärte, er überlasse es dem Ermessen des Gerichtes, ob es den in der Sitzung anwesenden Sachverständigen über den Geisteszustand des Maier vernehmen wolle.

Das Gericht vernahm den Sachverständigen und erließ, nachdem der Staatsanwalt seinen Antrag wiederholt hatte, folgendes Urteil:

1. der Antrag auf Erlassung eines Versäumnisurteils wird abgelehnt;
2. das Urteil des Landgerichts Ried vom 2. Dezember 1895 wird aufgehoben und die Klage des Maier auf Aufhebung der Entmündigung wird abgewiesen;
3. die Kosten der I. und II. Instanz fallen dem Privatier Maier zur Last.

In den Gründen ist ausgeführt, daß nach gesetzlicher Vorschrift Verhandlung und Entscheidung kontradiktorisch seien und das Gericht auf Grund der Aussagen des Sachverständigen die Ueberzeugung gewonnen habe, Maier sei geisteskrank.

Zugleich erließ das Gericht einen Beschluß, worin das Ablehnungsgesuch als unzulässig verworfen wurde, weil eine Ablehnung des Staatsanwalts nicht stattfinde.

Sind diese Entscheidungen gerechtfertigt?

Welche Rechtsmittel sind gegen sie zulässig?

Neben den Reichsgesetzen haben die Kandidaten, welche die Prüfung in den Landesteilen rechts des Rheines ablegen, das Gemeine Recht mit den für das Gebiet des Gemeinen Rechtes in Bayern geltenden Landesgesetzen, die Kandidaten, welche die Prüfung in der Pfalz ablegen, das dort geltende Landesrecht anzuwenden.

Die Entscheidungen sind zu begründen.

III. Aufgabe.

aus dem Reichszivilrechte und Zivilprozeßrechte.

1. Der Kaufmann Maier hat unter der Behauptung, daß ihm der Landwirt Müller 300 ℳ Darlehen schulde und sich verpflichtet habe, dieses Darlehen in monatlichen Raten von 20 ℳ, vom 1. Januar 1895 an beginnend, zurückzubezahlen, am 7. Oktober 1895 ein Urteil des Amtsgerichts Felden erwirkt, wodurch Müller zur Bezahlung der vom 1. Januar 1895 bis zum 1. Oktober 1895 verfallenen Fristen von 200 ℳ verurteilt wurde. Müller hat, um die Vollstreckung dieses Urteils, das für vorläufig vollstreckbar erklärt und ihm am 4. November 1895 zugestellt worden war, abzuwenden, am 5. November 1895 an Maier 200 ℳ bezahlt, aber zugleich bemerkt, daß er gegen das Urteil die Berufung einlegen werde, da er nicht in Fristen von 20 ℳ, sondern nur in Fristen von 10 ℳ zurückzubezahlen habe. Daraufhin ließ Maier dem Müller am 2. Dezember 1895 einen Schriftsatz zustellen, worin er erklärte, daß er gegen das Urteil vom 7. Oktober 1895 die Berufung einlege, und beantragte, den Beklagten zur Zahlung von weiteren 40 ℳ, den am 1. November und 1. Dezember 1895 verfallenen Fristen, zu verurteilen.

Müller ließ sodann dem Maier am 3. Dezember 1895 einen Schriftsatz zustellen, in dem er erklärte, daß er sich der Berufung des Maier anschließe.

In der Verhandlung vor dem Berufungsgerichte beantragte Maier, dem Müller zur Bezahlung von weiteren 40 ℳ und zur Tragung der Kosten zu verurteilen.

Müller beantragte:

1. die Berufung des Maier als unzulässig zu verwerfen,
2. unter Aufhebung des Urteils vom 7. Oktober 1895 die Klage abzuweisen, da er für die Zeit vom 1. Januar 1895 bis zum 1. Oktober 1895 nur 100 ℳ schulde und diese an Maier am 5. November 1895 bezahlt habe,

3. den Kläger zum Ersatze der am 5. November 1895 zuviel bezahlten 100 ℳ. anzuhalten.

Der Kläger erwiderte:

Wenn seine Berufung unzulässig sei, so sei auch die Anschließung des Beklagten unzulässig. Sollte übrigens das Gericht zu der Ueberzeugung gelangen, daß die Schuld des Müller in monatlichen Raten von nur 10 ℳ zu bezahlen sei, so setze er dem Erstattungsanspruche des Beklagten zwei Forderungen aufrechnungsweise entgegen:

1. 80 ℳ für ein weiteres am 1. Dezember 1895 rückzahlbares Darlehen an Müller,
2. 20 ℳ Ratenzahlungen, die Müller nach seiner eigenen Angabe am 1. November und 1. Dezember 1895 zu zahlen habe.

Sollte das Gericht die Aufrechnung für unzulässig erachten, so möge es ihn, da Müller gänzlich vermögenslos sei und die empfangenen 100 ℳ für sich verbrauchen würde, ermächtigen, den an Müller zu erstattenden Betrag insolange zurückzubehalten, bis Müller ihm die Beträge von 80 ℳ und 20 ℳ anbiete.

Müller bestritt nicht, daß er dem Maier ein weiteres Darlehen von 80 ℳ schulde, dessen Rückzahlung ihm, da er ohne alle Mittel sei, zur Zeit nicht möglich sei, beharrte aber auf seinen Anträgen.

Wie hat das Gericht, das die Ueberzeugung gewonnen hat, daß die Schuld des Müller in monatlichen Fristen von 10 ℳ zurückzuzahlen ist, zu entscheiden?

Wäre anders zu entscheiden, wenn Müller dem Maier den Berufungsschriftsatz nicht am 3. sondern am 10. Dezember 1895 hätte zustellen lassen?

---

2. Der Fabrikant Meiser in München hat ein Patent für „Maßkrüge mit Musik" erlangt, welche er in ähnlicher Weise wie Spieluhren herstellen läßt. Durch das Oeffnen des Deckels des Kruges wird eine im Boden des Kruges angebrachte Walze in

Bewegung gesetzt, welche mit ihren Stiften entsprechend der Tonfolge und der Tondauer, die das einzelne Stück erfordert, die Metallzungen erklingen läßt. Die Walze ist derart in das Gehäuse eingefügt, daß sie nicht beliebig daraus entfernt werden kann. Das Spielwerk dieser Krüge gibt ein von dem Kapellmeister Winterhaller in Leipzig komponiertes und der berühmten Sängerin Nachtigall gewidmetes Lied wieder. Auf dem Zinndeckel der Krüge ließ Meiser das Brustbild der Sängerin Nachtigall nach einer Photographie eingravieren, die er im Laden des Kunsthändlers und Photographen Pariser in Frankfurt a/M. gekauft hatte. Pariser hatte diese Photographie im Jahre 1895 nach einem Bilde hergestellt, das auf seine Bestellung der Maler Breitenbach in München im Jahre 1894 gemalt hatte. Beides war auch auf dem Karton der Photographie angegeben.

Der Musikalienverleger Haimann in Berlin, dem Winterhaller das Urheberrecht übertragen hatte, und Pariser forderten nun Meiser auf, die Herstellung und den weiteren Verkauf der Krüge dieser Art zu unterlassen und ihnen einen durch Sachverständige festzusetzenden Teil des Gewinnes, den er durch den Verkauf der Krüge erzielt habe, zu bezahlen.

Meiser lehnte jede Haftung ab; denn die Benützung einer Photographie zu gewerblichen Zwecken sei erlaubt und weder Haimann noch Pariser seien geschädigt, da sie selbst das Lied und das nach der Photographie hergestellte Brustbild in der Weise, wie er es gethan habe, wegen seines Patents nie hätten verwerten können.

Ist diese rechtliche Anschauung des Meiser begründet? Können Haimann und Pariser Ansprüche gegen Meiser mit Aussicht auf Erfolg erheben und gegebenen Falls welche?

Neben den Reichsgesetzen haben die Kandidaten, welche die Prüfung in den Landesteilen rechts des Rheins ablegen, das Gemeine Recht mit den für das Gebiet des Gemeinen Rechts in Bayern geltenden Landesgesetzen, die Kandidaten, welche die Prüfung in der Pfalz ablegen, das dort geltende Landesrecht anzuwenden.

Die Entscheidungen sind zu begründen.

IV. Aufgabe aus dem Reichszivilrechte und Zivilprozeßrechte.

Der Kaufmann Mareis in München, der in Wien eine Zweigniederlassung und bei der dortigen Vereinsbank ein Girokonto hat, fragte am 5. August 1896 bei dem Bankier Halder in München an, zu welchem Kurse er von ihm eine Gutschrift zu 6000 Gulden auf sein Girokonto bei der Vereinsbank in Wien bewirkt erhalten könne.

Halder erklärte sich bereit, die Gutschrift zum Kurse von 60 Gulden = 100 ℳ spesenfrei zu verschaffen. Hierauf händigte Mareis dem Halder 5000 ℳ in Einhundert-Mark-Banknoten und einen Check ein, den er von dem Bankhaus Oppenfeld in München an Zahlungsstatt erhalten hatte.

Der Check lautete:

„Die Wechslerbank in Leipzig wolle gegen diesen Check aus meinem Guthaben 5000 ℳ an den Kaufmann Mareis in München oder den Ueberbringer ausbezahlen.

München, den 5. August 1896

Oppenfeld."

Halder sandte noch am selben Tage 2000 ℳ in Einhundert-Mark-Banknoten, den Check über 5000 ℳ und einen auf den Bankier Nürnberger in Prag gezogenen, in Blanko indossierten Wechsel über 1800 Gulden, auf den er das Accept des Nürnberger gesetzt hatte, an die Vereinsbank in Wien und ersuchte sie, ihn für die übersandten Werte bestens zu erkennen und zu seinen Lasten dem Kaufmann Mareis in München auf dessen Giroguthaben 6000 Gulden gutzuschreiben. Die Vereinsbank, welche Nürnberger sowie Halder für zahlungsfähig und das Accept des Nürnberger für echt hielt, schrieb am 6. August 1896 dem Kaufmann Mareis auf dessen Girokonto unter Zugrundelegung eines Kurses von 60, 60 Gulden für 100 ℳ den Betrag von 3012 Gulden gut und teilte dies dem Halder mit dem Bemerken mit, daß sie für den Check keine Verwendung habe, Halder möge daher über den Check verfügen; im Falle des Nichteingangs des Wechsels werde sie Halder mit dessen Betrage belasten. Dem Kaufmann Mareis machte sie hievon keine Mitteilung. Nach den für den Giroverkehr geltenden Bestimmungen der Vereinsbank in Wien werden nämlich die Kunden von Einzahlungen, die für sie bethätigt werden, nicht verständigt, sie erhalten vielmehr hiervon erst Kenntnis, wenn sie ihre Kontogegenbücher vorlegen, in die alle für sie eingehenden Gelder eingetragen werden.

Unterdessen war am 6. August Abends 6 Uhr über das Vermögen des Bankiers Halder in München der Konkurs eröffnet worden. Der Konkursverwalter teilte dies der Vereinsbank in Wien mit und forderte sie auf, die von Halder an sie übersandten Papiere und Gelder an ihn zurückzuschicken und etwa für Mareis bereits vollzogene Gutschriften rückgängig zu machen.

Kurze Zeit nachdem die Vereinsbank in Wien diesen Brief erhalten hatte, erschien bei ihr ein Bevollmächtigter des Mareis und verlangte, daß die von Halder für Rechnung des Mareis einbezahlten Gelder diesem gutgeschrieben und in dessen Kontogegenbuch eingetragen würden. Die Vereinsbank verweigerte dies und bemerkte, daß sie auch die für Mareis bereits vollzogene Gutschrift wieder rückgängig machen werde, da sie nach Eröffnung des Konkurses über das Vermögen des Halder nicht mehr befugt sei, über Vermögensstücke des Halder zu verfügen; abgesehen davon habe sich auch herausgestellt, daß das Accept des Nürnberger gefälscht sei. Sie tilgte sodann die Gutschrift als „irrtümlich erfolgt“, sandte den Check nebst den 2000 ℳ in Einhundert-Mark-Banknoten an den Konkursverwalter zurück und übergab den Wechsel der Polizei.

Mareis verlangt nun den Check, der sein Eigentum

sei und nicht zur Konkursmasse gehöre, von dem Konkursverwalter zurück und beansprucht von der Vereinsbank Ersatz der 3012 Gulden, da sie unberechtigter Weise ohne seine Zustimmung die für ihn erfolgte Gutschrift rückgängig gemacht habe. Für den Fall, daß er mit seinem Aussonderungsanspruche bezüglich des Checks nicht durchdringen sollte, macht er die Bank auch für die Zurücksendung des Checks verantwortlich, der nur an ihn, nicht an die Konkursmasse hätte zurückgegeben werden dürfen.

Sind die Ansprüche des Mareis rechtlich begründet?

Neben den Reichsgesetzen haben die Kandidaten, welche die Prüfung in den Landesteilen rechts des Rheins ablegen, das Gemeine Recht mit den für das Gebiet des Gemeinen Rechtes in Bayern geltenden Landesgesetzen, die Kandidaten, welche die Prüfung in der Pfalz ablegen, das dort geltende Landesrecht anzuwenden.

Bei der Entscheidung ist davon auszugehen, daß die Bestimmungen des österreichischen Rechtes, soweit sie anwendbar sind, mit den Bestimmungen des Deutschen Reichsrechts und des Landesrechts übereinstimmen.

Die Entscheidungen sind zu begründen.

I. Aufgabe
aus dem Strafrechte und Strafprozeßrechte.

In der Stadt Burghalben befanden sich zwei Kaffeeröstereien, diejenige des Karl Färber, die unter der Firma „C. A. Färber“, und diejenige des Friedrich Maas, die unter der Firma „Burghalber Kaffeerösterei F. Maas“ in das Handelsregister eingetragen waren. Beide Geschäfte machten sich scharfe Konkurrenz. Das ältere von Färber hatte anfangs den ganzen Markt beherrscht, so daß es dem jüngeren Geschäfte von Maas sehr schwer ward, in die Höhe zu kommen. Da gelang es dem Maas, durch Beisetzung eines unschädlichen Stoffes beim Rösten dem Kaffee eine sehr schöne braune Glanzfarbe zu geben. Die Folge war, daß er binnen kurzem das Färber'sche Geschäft weit überflügelt hatte. Alle Versuche des Färber, seinem Kaffee einen ähnlichen Glanz beizubringen schlugen fehl, und sein Geschäft kam stets mehr in Rückgang so daß er sich, um den Zusammenbruch zu vermeiden, entschloß, mit allen Mitteln die empfindliche Konkurrenz des Maas zu beseitigen.

Zu diesem Zwecke wandte er sich zunächst an den damals gerade stellenlosen Karl Tropp, der ehemals Reisender bei Maas gewesen war. Diesen wußte Färber durch Gewährung kleiner Darlehen zu bewegen, ihm eine Kundenliste, die Tropp während seiner Dienstzeit bei Maas in dessen Auftrag angefertigt, beim Austritt aus dem Maas'schen Geschäfte aber aus Versehen mitgenommen hatte, zu behändigen. Darauf erließ Färber an die ihm aus der Kundenliste bekannt gewordenen Abnehmer des Maas und an sonstige Kaufleute ein Rundschreiben, in dem er zur Abnahme seines Kaffees einlud unter der unrichtigen Angabe, er beziehe den Kaffee nicht von Zwischenhändlern, sondern unmittelbar von den Pflanzern, weshalb er für Echtheit und Güte der Waare mehr als sonstige Geschäfte Gewähr leisten und Preise stellen könne, wie sie gleich niedrig in keinem Geschäfte möglich seien. In der That waren in einem dem Rundschreiben angefügten Preisverzeichnisse die Preise viel niedriger angesetzt, als der Durchschnittspreis für Kaffee der gleichen Sorten sich stellte. Dies war aber nur dadurch erreicht, daß minderwertige Sorten mit den Namen besserer Sorten bezeichnet waren.

Alsdann suchte Färber persönlich die hauptsächlichsten Abnehmer des Maas auf und bot ihnen sein eigenes Fabrikat an, wobei er einfließen ließ, dasselbe habe freilich nicht jene glänzende Farbe wie das des Maas, allein dafür verschmähe er es auch, durch Zusetzung giftiger Stoffe seine Kunden zu täuschen. Daß Maas dem Kaffee keine schädlichen Stoffe beimengte, war dem Färber als Fachmann recht wohl bekannt. Die Abnehmer aber wurden teilweise argwöhnisch, und so kam es, daß einige, die bisher zur festen Kundschaft des Maas gehört hatten, sich durch die Worte des Färber von Maas abwenden ließen und für die Folge ihre Aufträge dem Färber zuwandten. Andere hingegen blieben trotz der Einflüsterungen des Färber dem Maas treu.

Maas brachte seit Bestehen seines Geschäftes den in seiner Fabrik gerösteten Kaffee in einer Verpackung in den Handel, auf der mit großen, roten in die Augen fallenden Buchstaben oben die Firma und darunter das Wort „Glanzkaffee" stand; außerdem befand sich auf der Vorderseite der Umhüllung unterhalb obiger Aufschrift ein Schwan mit ausgebreiteten Flügeln, umrahmt von einem Kranz grüner Lorbeerblätter. Infolge des großen Absatzes, den der Kaffee des Maas gewonnen hatte, war diese Art der Bezeichnung im Kreise seiner Abnehmer und sonst als Kennzeichen des von ihm herrührenden Kaffees bekannt. Darauf gründete Färber sein weiteres Vorgehen: Er ließ Umhüllungen von derselben Gestalt wie die Maas'schen herstellen und versah sie in gleicher Druckweise mit seiner Firma und der darüber befindlichen Aufschrift „Burghalber Kaffeerösterei Glanzkaffee"; des weiteren ließ er auf der Vorderseite der Umhüllung eine Gans mit etwas gestrecktem Hals anbringen, umrahmt von einem Kranz grüner Weidenblätter. In diesen Umhüllungen brachte er den in seiner Fabrik gerösteten Kaffee in den Handel.

Als Maas hievon Kenntnis erhielt, säumte er nicht, form- und fristgerecht bei dem Staatsanwalt des Landgerichts Burghalben Strafantrag zu stellen. Färber meldete hierauf seine Umhüllung zur Zeichenrolle des Patentamtes an, und nachdem Maas seine Umhüllung dort nicht zur Eintragung hatte bringen lassen, erfolgte anstandslos die Eintragung zu Gunsten des Färber. Als dieser hievon amtlich verständigt war, forderte er unter Bezugnahme auf die erfolgte Eintragung mittels Gerichtsvollzieheraktes den Maas auf, künftig von der Benützung seiner bisher gebrauchten Umhüllungen abzustehen. Als Maas sich dessen weigerte und in der Ueberzeugung von seinem guten Rechte in der Benützung seiner bisherigen Umhüllungen zum Waarenversandt fortfuhr, stellte auch Färber gegen ihn form= und fristgerecht Strafantrag.

Auf den ersterwähnten Strafantrag des Maas hin, hatte der Staatsanwalt gegen Färber die öffentliche Klage erhoben; ehe aber in der Sache Urteil erging, erfolgte die Eintragung des von Färber angemeldeten Zeichens in der Zeichenrolle des Patentamts, was Färber dem Gericht durch Vorlegung des amtlichen Schreibens des Patentamtes nachwies.

Alle Mittel hatten bis jetzt dem Färber nichts geholfen, er konnte den Glanzkaffee des Maas nicht aus dem Felde schlagen. Tag und Nacht sann er darüber nach, wie er seinem Kaffee denselben Glanz verschaffen könne, und verfiel schließlich auf den Gedanken, sich hinter die Arbeiter des Maas zu stecken, um den Stoff zu erkunden, mittelst dessen Maas so große Erfolge errungen. Da er sich jedoch scheute, persönlich mit den Arbeitern des Maas ins Benehmen zu treten, suchte er einen seiner eigenen Leute dafür zu gewinnen, daß er den Arbeitern des Maas das Geheimnis entlocke. Er wandte sich zu diesem Zwecke an den Arbeiter Konrad Dillmann, einen äußerst gewandten und durchtriebenen Menschen, jedoch anfangs ohne Erfolg; Dillmann weigerte sich rundweg seinem Herrn zu Willen zu sein. Erst als Färber einige Tage später sich wiederholt an Dillmann wandte und demselben eine namhafte Belohnung für den Fall des Gelingens in Aussicht stellte, wurde dieser gefügig. Dillmann wußte sich an den in der Maas'schen Fabrik beschäftigten Arbeiter Theobald Wagner, einen harmlosen und beschränkten Menschen, anzuschließen und ihn unter dem Vorgeben, er interessiere sich für das geschäftliche Verfahren bei Maas, soweit zu bringen, daß Wagner versprach, einmal aufzupassen, auf welche Weise die Glanzfarbe des Kaffees gewonnen werde. Wagner versuchte auch wiederholt im Geschäfte sich diese Kenntnis zu verschaffen, aber stets ohne Erfolg, so daß er nach einiger Zeit dem Dillmann mitteilen mußte, er könne ihm den gewünschten Aufschluß nicht geben. Dillmann verhöhnte den Wagner hiewegen, nannte ihn einen dummen Menschen und meinte, wenn Wagner etwas Rechtes wäre, müßte er schon hinter die Geschichte kommen. Da kam den Bestrebungen des Färber ein Zufall zu Hilfe.

Maas mußte eine längere Reise unternehmen, und um sein Geschäft in der bisherigen Weise fortbetreiben zu können, war er genötigt, sich einen Stellvertreter einzustellen.

Spät am Abend vor seiner Abreise, als in der Fabrik die Arbeit längst aufgehört hatte, begab sich Maas mit dem Stellvertreter in den Raum, wo der Kaffee zur Einlegung in die Röstmaschine hergerichtet wurde. Dort teilte er dem Stellvertreter mit, welchen Stoff und welche Mengen er dem Kaffee zur Erzielung der Glanzfarbe beisetze. Gleichzeitig zog er ein gläsernes Gefäß ohne alle äußern Abzeichen aus der Tasche, setzte das Verfahren bei Zusetzung des Stoffes auseinander, mengte den Inhalt des Gefäßes dem Kaffee bei und stellte sodann das anscheinend leere Gefäß achtlos bei Seite. Nachdem Maas dem Stellvertreter noch tiefste Verschwiegenheit und Vorsicht ans Herz gelegt hatte, verließen beide die Fabrik.

Wagner, den für diese Nacht die Wache in der Fabrik traf, hatte sich während dieses Vorgangs in einem Nebenraum befunden und war unabsichtlich Zeuge des Gesprächs geworden. Als er merkte, daß es sich um den Stoff handelte, der dem Kaffee die Glanzfarbe verlieh, verhielt er sich ganz still, horchte auf jedes Wort und freute sich schon im Stillen, weil er dem Dillmann nun beweisen könne, daß er doch nicht der dumme Mensch sei, für den dieser ihn erklärt hatte. Der Gedanke, daß die Verpflichtung zur Verschwiegenheit etwa auch für ihn gelten könne, kam ihm nicht in den Sinn.

In der Frühstückspause am nächsten Morgen traf Wagner mit Dillmann in einer nahegelegenen Wirtschaft zusammen. Er konnte es kaum erwarten, bis er den Dillmann auf die Seite genommen hatte, und teilte ihm dann genau den Vorgang mit, der sich zwischen Maas und dem Stellvertreter abgespielt hatte. Zum Beweis der Wahrheit seiner Angaben zog er schließlich triumphierend das gläserne Gefäß aus der

Tasche, das er mitgenommen hatte, nicht um es zu behalten, sondern nur um durch dessen Vorzeigung die Wahrheit seiner Angaben zu erhärten. Dillmann's scharfes Auge bemerkte sofort, daß in dem Glas noch Reste des geheimnisvollen Stoffes sich befanden, und es ward ihm nicht schwer, den arglosen Wagner zu veranlassen, das Glas, das letzterer für wertlos hielt, ihm zu überlassen. Damit eilte Dillmann ohne Säumen zu Färber, teilte ihm das von Wagner Erkundete mit und übergab ihm das Glas. Dieser belohnte hocherfreut den Dillmann reichlich und sandte noch am gleichen Tage die Reste des Stoffes, die sich in dem Glase vorfanden, an eine chemische Untersuchungsanstalt. Auf Grund der erhaltenen Analyse schaffte er sich den gleichen Stoff an und setzte ihn seinem Kaffee bei, in der Hoffnung, nunmehr die gleiche Glanzfarbe desselben erreichen zu können. Allein er sah sich in seinen Erwartungen getäuscht, weil ihm das bei der Beimengung des Stoffes einzuhaltende Verfahren aus den Mitteilungen des Dillmann nur unvollständig klar geworden war.

Gegen welche Personen und auf Grund welcher gesetzlichen Bestimmungen kann nach Maßgabe des geschilderten Thatbestands strafrechtliche Verurteilung erfolgen? Es ist vorausgesetzt, daß die zur Erreichung strafrechtlicher Verurteilung erforderlichen Schritte gemacht wurden.

Die Entscheidung ist zu begründen.

II. Aufgabe
aus dem Strafrechte und Strafprozeßrechte.

1. Auf Anzeige des Gemeindedieners Beil war gegen den Dienstknecht Quirin Haf von Y. unter der Annahme, daß er am 2. September 1896 mittags im Cedbache, dem Fischwasser des Wirtes Mell, unberechtigt gefischt habe, wegen Uebertretung aus § 370 Ziff. 4 des Reichs-Strafgesetzbuches das Hauptverfahren vor dem Schöffengericht des Amtsgerichts Adorf eröffnet und zur Verhandlung die Sitzung vom 19. desselben Monats bestimmt worden.

Zu der Verhandlung brachte Haf den Taglöhner Lud als Entlastungszeugen mit, der bestätigte, daß er am 2. September den ganzen Tag über gemeinschaftlich mit dem Angeklagten auf einem drei Stunden vom Cedbache entfernten Felde gearbeitet habe.

Am Schluß der Verhandlung beantragte Haf, ihn freizusprechen und auch dem Zeugen Lud seine Gebühren aus der Staatskasse anzuweisen. Es wurde sodann Haf „von der Anklage einer Uebertretung des unberechtigten Fischens unter Ueberbürdung der Kosten auf die Staatskasse freigesprochen". In den Entscheidungsgründen des Urteils wurde als Ursache der Freisprechung angegeben, daß sich Angeklagter nach der Aussage des Zeugen Lud des ihm zur Last gelegten Fischereifrevels nicht schuldig gemacht haben könne, und daher Gemeindediener Beil, welcher den Haf aus beträchtlicher Entfernung gesehen haben wollte, sich in der Person geirrt haben müsse, sowie hinsichtlich der Entscheidung im Kostenpunkte bemerkt, daß sich dieselbe durch die §§ 496 Abs. I und 499 Abs. I der Reichs-Strafprozeßordnung rechtfertige.

Gegen dieses Urteil legte der Amtsanwalt Berufung zum Landgerichte Beheim ein mit der Begründung, daß die Freisprechung des Haf zu Unrecht erfolgt sei, weil dessen Entlastungszeuge keine glaubwürdige Person sei.

Die Berufungsverhandlung wurde auf den 26. Oktober festgesetzt.

Am 12. Oktober stellte Haf auf der landgerichtlichen Gerichtsschreiberei unter Uebergabe eines gemeindlichen Armutszeugnisses den Antrag, daß zu der zweitinstanziellen Verhandlung der Entlastungszeuge Lud von Amtswegen geladen werden möchte.

Es wurde jedoch dieser Antrag durch Verfügung des Vorsitzenden der Strafkammer vom 14. Oktober abgelehnt und dem Haf eröffnet, daß es ihm freistehe, den Lud persönlich mitzubringen oder unmittelbar durch den Gerichtsvollzieher laden zu lassen.

Haf bestimmte daraufhin den Lud, ihn zur Verhandlung zu begleiten und ließ außerdem durch den Gerichtsvollzieher in der Person des Bauern Efel einen weiteren Entlastungszeugen unmittelbar laden. Auf die Mitteilung des Gerichtsvollziehers hin, daß die Zeugengebühr für Efel 3 Mark ausmache und die Kosten der Ladung 65 Pfennig bezifferten, behändigte Haf dem Gerichtsvollzieher beide Beträge.

In der Verhandlung vom 26. Oktober wurden vor Vernehmung der vom Staatsanwalt geladenen Zeugen die beiden Entlastungszeugen Lud und Efel abgehört.

Nachdem Zeuge Lud seine vor dem Schöffengerichte gemachten Angaben wiederholt und Efel ausgesagt hatte, daß er am 2. September 1896 um die Mittagszeit mit Haf und Lud auf dem von letzterem bezeichneten Felde gesprochen habe, erklärte der Staatsanwalt, daß er angesichts dieser Zeugenaussagen die vom Amtsanwalt eingelegte Berufung zurückziehe.

Der Vorsitzende bemerkte hierauf inhaltlich des Sitzungsprotokolles dem Angeklagten, daß es infolge der Zurücknahme der Berufung bei dem freisprechenden Urteile erster Instanz sein Bewenden habe, und erklärte die Sitzung für geschlossen.

Am 30. Oktober erschien Haf auf der Gerichtsschreiberei des Amtsgerichts Adorf und gab folgendes Gesuch zu Protokoll:

In der Schöffengerichtssitzung vom 19. September sei er zufolge der Aussage des mitgebrachten Zeugen Lud unter Ueberbürdung der Kosten auf die Staatskasse freigesprochen worden. Dem Lud habe er ausweislich übergebener Quittung auf Verlangen damals 2 Mark Zeugengebühr ausbezahlen müssen. Zur Berufungsverhandlung, die mit Zurücknahme des vom Amtsanwalt eingelegten Rechtsmittels geendigt habe, seien auf seine Veranlassung die Zeugen Lud und Efel erschienen und habe er laut übergebener Quittung des Gerichtsvollziehers für Ladung und Entschädigung des Efel 3,65 Mk. und laut weiter übergebener Quittung des Lud an diesen 2 Mk. Zeugengebühr zu entrichten gehabt. Er bitte, daß ihm diese sämtlichen Auslagen aus der Staatskasse ersetzt werden möchten; eventuell wolle er diese Bitte an das Landgericht Beheim gestellt wissen.

Durch Beschluß des Amtsgerichts Adorf vom 4. November wurde der Antrag des Haf vom 30. Oktober als unzulässig kostenfällig abgewiesen unter der Begründung, daß eine Kostenfestsetzung nebst Zahlungsanweisung nur stattfinde, wenn über die Höhe der Kosten oder über die Notwendigkeit der unter ihnen begriffenen Auslagen zwischen demjenigen, welcher die Kosten bezahlt habe, und demjenigen, welcher zur Kostentragung verurteilt worden sei, ein Streit bestehe, daß jedoch ein Urteil, wonach die dem Antragsteller in erster und zweiter Instanz erwachsenen notwendigen Auslagen von der Staatskasse zu tragen seien, nicht vorliege; ferner daß gemäß § 496 Abs. 1 und 2 der Reichs-Strafprozeßordnung die Kosten des vorwürfigen abweisenden Bescheides dem Antragsteller überbürdet werden müßten.

Gegen vorstehenden ihm am 7. November zugestellten Beschluß erhob Haf sofortige Beschwerde, die der Gerichtsschreiber des Amtsgerichts Adorf vom 14. desselben Monats in Folgendem aufnahm:

Daß die von ihm vorgeführten Entlastungszeugen zur Aufklärung der Sache dienlich, ja nötig gewesen seien, ergebe sich aus dem Urteil erster Instanz, in welchem es ausdrücklich heiße, daß er — Haf — auf Grund der Aussagen des Zeugen Lud freizusprechen sei, und aus dem Umstande, daß der Staatsanwalt in zweiter Instanz die vom Amtsanwalt eingelegte Berufung sofort nach Einvernahme der Zeugen Lud und Efel zurückgezogen habe. Vor dem Schöffengericht habe er ausdrücklich den Antrag gestellt, ihn auch von den Kosten, die auf das Erscheinen des Zeugen Lud erwachsen seien, zu entbinden, und hätte das Gericht über diesen Antrag Entscheidung treffen müssen; da eine solche unterblieben sei, müsse sie eben nachgeholt werden. In der Berufungsverhandlung sei ihm die Stellung des Antrags, die ihm auf Ladung und Vorführung der beiden

Entlastungszeugen erlaufenen Baarauslagen auf die Staatskasse zu übernehmen, dadurch unmöglich gemacht worden, daß das Gericht auf die Erklärung des Staatsanwalts bezüglich der Zurücknahme der Berufung hin von einer weiteren Durchführung der Verhandlung abgesehen habe und er infolgedessen nicht mehr zu Wort gekommen sei. Die Nachbringung auch dieses Antrages müsse ihm daher billigerweise gestattet werden. Unter allen Umständen dürfe er nicht mit den Kosten, die ihm aus der Vorführung des Zeugen Lud entstanden seien, belastet bleiben, nachdem er unter Vorlage eines Armutszeugnisses dessen Ladung verlangt gehabt habe, und die Staatsanwaltschaft verpflichtet sei, nicht bloß das zur Belastung, sondern auch das zur Entlastung dienliche in die Sitzung beizuschaffen. Daß man ihm endlich gar noch die Kosten des Beschlusses vom 4. November auferlegen wolle, sei eine unbillige Härte und verstoße gegen das Gesetz, welches den armen rechtsunkundigen Manne geschont wissen wolle. Er stelle deshalb den Antrag, unter Aufhebung des letzterwähnten Beschlusses in gerechter Weise auszusprechen, daß ihm die Auslagen für die Entlastungszeugen zu vergüten und alle Kosten des Verfahrens der Staatskasse zu überbürden seien.

Das Amtsgericht Adorf legt mit den Akten die Beschwerde dem Landgerichte Beheim mit dem Beifügen vor, daß es sich zur Abänderung seiner angefochtenen Entscheidung nicht für befugt erachten würde, die Beschwerde übrigens auch für unbegründet halten müsse.

Was hat seitens des angerufenen Gerichts zu geschehen?

Die Entscheidung ist zu begründen, wobei das Vorbringen des Haf vom 14. November auch insoweit zu würdigen ist, als es etwa für das Vorgehen des Landgerichts nicht als maßgebend erachtet wird.

Die Auslagen des Haf sind als hinreichend bescheinigt und bezüglich ihrer Höhe als den bestehenden Vorschriften entsprechend anzunehmen.

2. Gutsbesitzer Grehm war dem Bauern Peter Wirl seit Jahren feindlich gesinnt. Als er jüngst in einem von diesem wider ihn angestrengten Servitutsprozeß unterlegen war, kannte sein Haß keine Grenzen mehr. Er hatte unter seinen Arbeitern in dem Taglöhner Schampf einen Menschen, von dem er wußte, daß er vor keiner Frevelthat zurückschrecke und ein guter Schütze sei. Grehm zog deshalb den Schampf, eines Vormittags zur Seite und gab ihm den Auftrag, dem Wirl, der sich auf dem Viehmarkt nach dem nahen Städtchen begeben habe und abends von dort zurückkehren werde, in dem Wald nächst ihrem Dorfe, durch welchem die Straße führte, aufzulauern und eine Kugel in den Leib zu jagen; sein Zwillingsgewehr werde er ihm dazu leihen. Schampf erklärte sich sofort bereit, den Auftrag auszuführen, ging mit Grehm in dessen Wohnung und ließ sich den, wie er sich überzeugte, mit Kugeln geladenen Zwilling aushändigen. Ueber eine Belohnung des Schampf für die Vollziehung des Auftrags wurde nicht gesprochen; Schampf nahm jedoch an, daß Grehm, der sich ihm gegenüber stets als freigebig erwiesen hatte, nicht kargen werde, und Grehm hatte auch in der That vor, dem Schampf, wenn dieser in seinem Sinne handeln würde, ein namhaftes Geldgeschenk zu machen.

Grehm hatte nur von „Wirl“ gesprochen, womit er aber den Peter Wirl meinte. Schampf glaubte jedoch, es sei auf dessen Bruder Paul Wirl abgesehen, welcher bei ersterem die Stelle eines Oekonomiebaumeisters versah und durch den Einfluß, welchen er bei demselben ausübte, die eigentliche Ursache der zwischen diesem und Grehm bestehenden Feindschaft war. In der Absicht also, dem Paul Wirl eine Kugel hinaufzubrennen, begab sich Schampf zur bezeichneten Stunde in den Wald. Nach einiger Zeit folgte auf einem Umwege, der ihn auf die aus der Stadt herführende Straße brachte, Grehm nach. Grehm hatte nämlich wahrgenommen, daß Peter Wirl bereits zu Hause angelangt war, und wollte daher dem Schampf mitteilen, daß ihr Plan für diesesmal vereitelt sei. Als Schampf nun auf der Straße eine Mannsperson daherkommen sah, hielt er diese in der bereits angebrochenen Dämmerung für den Paul Wirl und gab auf sie aus seinem Hinterhalt einen auf die Herzgegend gerichteten Schuß ab. Im Augenblick des Zusammenstürzens der Mannsperson wurde Schampf gewahr, daß er seinen eigenen Dienstherrn vor sich hatte. Grehm war glücklicher Weise nicht zu Tode getroffen, wohl aber war die Kugel in das Gelenk der linken Hand, mit der Grehm im kritischen Moment eine Pfeife aus der Brusttasche seiner Joppe herausnehmen wollte, gedrungen und wurde die Amputation des Unterarmes nötig.

Welcher Strafthaten haben sich Grehm und Schampf etwa schuldig gemacht?

Die Antwort ist zu begründen.

III. Aufgabe

aus dem Strafrechte und Strafprozeßrechte.

Am 12. Januar 1896 abends nach 8 Uhr waren die Dienstknechte Johann Thomas von X. — 17 Jahre alt —, und Xaver Regner von Z. — 20 Jahre alt — aus dem Wirtshause zu Buch wegen Ungebühr hinausgeschafft worden. Nach einiger Zeit erschienen sie wieder vor der Hausthüre. Thomas war voraus. Der Flurwächter List vertrat ihm unter den Worten:

„Mach', daß Du weiter kommst, Du Lausbub!"

den Weg und gab ihm einen Stoß auf die Brust. Thomas rief daraufhin dem Regner zu:

„Gib mir Dein Messer, ich mach' ihn kalt!"

Sofort reichte ihm Regner auch sein griffestes Messer, das er selbst schon bereit gehalten hatte. Mit diesem versetzte Thomas dem List einen gewaltigen Stich in die linke Seite. Letzterer gab jetzt den Eingang frei, worauf Thomas in das Wirtshaus hineinstürmte; Regner folgte langsam nach. Im Zusammenwirken mehrerer Gäste wurden sie neuerdings hinausgejagt.

Während sie sich noch eine Weile vor der Wirtschaft herumtrieben, entdeckte Regner die auf dem Boden liegende Joppe des List, die ihm als dessen Eigentum bekannt war. Beim Weggehen gegen 9 Uhr nahm er dieselbe mit, um sie sich anzueignen.

Um List hatte sich am Abend Niemand mehr gekümmert. Anderen Morgens wurde er mit einer tiefen Stichwunde im Unterleib als erstarrte Leiche am Brunnen hinter dem Wirtshause aufgefunden. Der Landgerichtsarzt gab sein Gutachten dahin ab, daß List sich, nachdem er den Stich erhalten, aller Wahrscheinlichkeit nach zu dem Zwecke an den Brunnen geschleppt habe, um seine Wunde auszuwaschen, und über diesem Versuch niedergestürzt und hilflos liegen geblieben sei, daß aber die ihm zugefügte Verletzung bei erfolgter Durchtrennung von zwei Darmschlingen auch ohne das Hinzutreten weiterer schädigender Umstände, wie insbesondere der Nachtkälte, absolut tödlich gewesen sei, und daß List, wenn auch vielleicht durch die Einwirkung der Nachtkälte der Eintritt des Todes etwas beschleunigt worden sei, doch selbst bei sofort geleisteter Hilfe keinesfalls die Nacht überlebt haben würde, daß sich endlich der Zeitpunkt des eingetretenen Todes nicht sicher feststellen lasse, mit Wahrscheinlichkeit aber auf ein paar Stunden nach der Verletzung zu bestimmen sei.

Nach durchgeführter Voruntersuchung, welche Obiges ergab, eröffnete die Strafkammer das Hauptverfahren gegen Thomas und Regner vor dem Schwurgericht bei dem Landgerichte N. wegen je eines in Mitthäterschaft verübten Verbrechens des Todschlags und je eines gleichfalls gemeinschaftlich verübten Vergehens des Hausfriedensbruchs (§§ 212, 123 Abs. 3, 47 und 74 St.-G.-B.) und außerdem gegen Regner, der wegen Diebstahls bereits zweimal vorbestraft worden war, nämlich

a) durch Urteil des Schöffengerichts des Amtsgerichts Trostberg vom 19. Juli 1888 mit — ihm am 14. August dess. Jahres erteiltem — Verweise und

b) wegen eines am 4. Januar 1891 verübten Vergehens des Diebstahls durch Urteil des Schöffengerichts des Amtsgerichts Wasserburg vom 11. Februar 1891 mit — am 20. März 1891 verbüßten — acht Tagen Gefängnis,

auch noch wegen Verbrechens des einfachen Diebstahls im Rückfalle (§§ 242, 244, 74 St.-G.-B.)

In der Hauptverhandlung vor dem Schwurgerichte N. am 5. Dezember 1896 (wobei zugegen waren Oberlandesgerichtsrat A. als Vorsitzender, und die Landgerichtsräte B. und C. als Beisitzer, der II. landgerichtliche Staatsanwalt D. und der Gerichtsschreiber E.) verlas nach Schluß des Beweisverfahrens, welches die Ergebnisse der Voruntersuchung bestätigte, der Vorsitzende die von ihm entworfenen, dem Eröffnungsbeschluß entsprechenden Fragen an die Geschworenen.

Der Verteidiger des

Thomas

machte hierauf geltend, daß sein Mandant

1. gegenüber dem List, der ihm ohne Anlaß und Berechtigung einen Stoß auf die Brust versetzt habe, in Notwehr gehandelt und äußersten Falls höchstens die Grenzen der Notwehr überschritten habe,
2. nimmermehr die Tötung des List, sondern nur dessen körperliche Verletzung beabsichtigt gehabt habe,
3. aber auch gar nicht dessen Tod herbeigeführt habe, indem letzterer nur deswegen eingetreten sei, weil List nicht sofort um Hilfe sich umgesehen und die kalte Nacht am Brunnen zugebracht habe,
4. wenn man an seine Absicht zu töten glauben könnte, doch ohne seine Schuld durch die ihm von List zugefügte Mißhandlung und schwere Beleidigung zum Zorne gereizt und dadurch auf der Stelle zur That hingerissen worden sei, endlich
5. wie man immer die Sache betrachten wolle, angesichts seiner Jugend und bisherigen Straflosigkeit Anspruch auf die Zubilligung mildernder Umstände habe,

und beantragte Fragestellung, die in allen diesen Punkten seinem Klienten gerecht werde.

Der Verteidiger des

Regner

führte aus:

1. daß dieser nicht wegen Mitthäterschaft, sondern lediglich wegen Beihilfe und zwar auch nur zu einem Vergehen der gefährlichen Körperverletzung und nicht zu einem Verbrechen aus § 226 St.-G.-B. oder gar des Todschlags zur Verantwortung gezogen werden könne,
2. daß Körperverletzung und Hausfriedensbruch im gegebenen Falle nicht in sachlicher, sondern rechtlicher Konkurrenz stünden, da der Messergebrauch nur zum Zwecke des Eindringens in das Haus stattgefunden habe,
3. daß Regner überhaupt mit Ungrund eines Hausfriedensbruches oder gar eines erschwerten solchen Vergehens angeklagt werde, nachdem er für seine Person den Eintritt nicht erzwungen und mit dem Thomas in dieser Beziehung, wie das von den Zeugen bekundete „langsame Eintreten in das Wirtshaus" beweise, gemeinschaftliche Sache nicht gemacht habe,
4. daß Diebstahl im Rückfalle nicht vorliege, da eine auf Verweis lautende Vorstrafe die Rückfälligkeit im Sinne des Gesetzes nicht begründe,
5. daß übrigens auch nicht Diebstahl, sondern Unterschlagung anzunehmen sei, weil nicht feststehe, daß List noch gelebt habe, als Regner die Joppe an sich genommen habe,
6. daß bezüglich aller dem Regner zur Last liegenden Reate mildernde Umstände vorlägen,

und beantragte Fragestellung in diesem Sinne.

Der Staatsanwalt überließ Bestimmung und Fassung der den Geschworenen vorzulegenden Fragen vollständig dem Ermessen des Gerichts, und auch die Angeklagten, welchen unter Hinweisung auf § 264 St.-P.-O. Gelegenheit zu weiterer Aeußerung gegeben worden war, enthielten sich besonderer Anträge.

Wie hat die Fragestellung an die Geschworenen ihrem ganzen Umfange nach zu lauten?

Sollten in dem einen oder anderen Punkte die Anträge der Verteidiger auf Stellung einer Frage abzulehnen sein, so ist auch der die Zurückweisung aussprechende Beschluß samt Begründung zu entwerfen.

Praktischer Fall

für die erste Abteilung der zweiten Prüfung der Rechtskandidaten in den Landesteilen r. d. Rheins 1896.

Die Kandidaten haben die auf Grund der mündlichen Verhandlung vom 4. Dezember 1896 zu erlassende Entscheidung in der Streitsache des Ignaz Huber gegen Dr. Anton Huber und in der Streitsache des Michael Frank gegen Ignaz Huber und Dr. Anton Huber nach Maßgabe der in der Zivilprozeßordnung enthaltenen Vorschriften auszuarbeiten. In den Entscheidungsgründen sind alle in den mündlichen Vorträgen geltend gemachten Gesichtspunkte zu würdigen.

Neben den Reichsgesetzen ist das Gemeine Recht mit den für dessen ganzes Gebiet in Bayern geltenden Landesgesetzen anzuwenden.

Der zur Rechtsanwaltschaft bei dem Landgerichte Werden zugelassene Rechtsanwalt Hell erhob als Bevollmächtigter des Kaufmanns Ignaz Huber in Freiberg gegen den praktischen Arzt Dr. Anton Huber in Werden eine an das Landgericht Werden gerichtete Klage, betreffend die Erbschaft der Privatierswitwe Marie Frank von Werden.

Auf Einreichung der Klageschrift bei der Gerichtsschreiberei des Prozeßgerichts wurde Termin zur mündlichen Verhandlung des Rechtsstreits auf den 26. Oktober 1896 vor der ersten Zivilkammer des Landgerichts bestimmt.

Dr. Anton Huber erhielt die Klageschrift des Rechtsanwalts Hell am 17. September 1896 zugestellt und bestellte als Prozeßbevollmächtigtenen den zur Rechtsanwaltschaft bei dem Prozeßgerichte zugelassenen Rechtsanwalt Denk.

Kurz darauf erhob der bei dem Landgerichte Werden zugelassene Rechtsanwalt Mack als Bevollmächtigter des Gastwirts Michael Frank in Bastheim gegen Dr. Anton Huber und Ignaz Huber eine Klage gleichen Betreffs bei dem nämlichen Gerichte.

Zur Verhandlung über diese Klage wurde Termin auf den 9. November 1896 vor der ersten Zivilkammer des Landgerichts anberaumt. Die Klageschrift des Rechtsanwalts Mack wurde den Rechtsanwälten Hell und Denk am 25. September 1896 zugestellt.

Die Rechtsanwälte Hell, Mack und Denk wechselten vorbereitende Schriftsätze und stellten am 19. Oktober 1896 gemeinsam schriftlich an das Prozeßgericht den Antrag, den Verhandlungstermin in beiden Streitsachen auf den 4. Dezember 1896 vormittags 9 Uhr zu verlegen.

Diesem Antrage wurde durch Gerichtsbeschluß vom gleichen Tage stattgegeben.

Die erste Zivilkammer des Prozeßgerichts war in der zur mündlichen Verhandlung über beide Sachen bestimmten Sitzung besetzt mit dem Landgerichtspräsidenten Gönner und den Landgerichtsräten Schmelz und Link. Als Gerichtsschreiber leistete Dienst der geprüfte Rechtspraktikant Just.

Zum Aufrufe gelangte zunächst die Sache des Michael Frank gegen Ignaz und Dr. Anton Huber.

Erschienen waren die Rechtsanwälte Mack, Hell und Denk. Der Vorsitzende eröffnete die mündliche Verhandlung und erteilte das Wort dem Rechtsanwalt Mack.

Dieser beantragte, die beiden Rechtsstreite Ignaz Huber gegen Dr. Anton Huber und Michael Frank gegen Ignaz und Dr. Anton Huber zum Zweck der gleichzeitigen Verhandlung und Entscheidung, mit Rücksicht auf die Gemeinsamkeit ihres Prozeßstoffs, die er kurz darlegte, zu verbinden.

Die Rechtsanwälte Hell und Denk erklärten sich mit der Verbindung einverstanden.

Das Gericht gab dem Antrage statt, und der Vorsitzende erteilte nunmehr das Wort dem Rechtsanwalt Hell.

Dieser verlas aus der Klageschrift den Antrag:

„Das K. Landgericht wolle den Beklagten Dr. Anton „Huber verurteilen, den gesamten Nachlaß der am „15. März 1896 in Werden gestorbenen Privatierswitwe „Marie Frank einschließlich des Nachlasses ihres vor„verstorbenen Gatten Karl Frank und einschließlich der Bücher„sammlung des Karl Frank dem Kläger Ignaz Huber heraus„zugeben und sämtliche Kosten des Rechtsstreits zu tragen."

Zur Begründung trug der Rechtsanwalt Hell vor:

„Die am 15. März 1896 hier verstorbene Privatiers„witwe Marie Frank hat ein bedeutendes Vermögen „hinterlassen, das nach Deckung aller Schulden noch aus „150,000 Mark in Wertpapieren und einem Hause an der „Bahnhofstraße in Werden im Werte von 100,000 Mark „besteht. Das Haus hatte Maria Frank nach dem Tode „ihres Ehegatten aus eigenen Mitteln erworben, die „150,000 Mark Wertpapiere rühren aus dem Nachlasse „ihres Ehemannes Karl Frank her.

„Marie Frank hatte einen einzigen vollbürtigen Bruder, „Adam Huber, der im Jahre 1892 mit Hinterlassung „eines ehelichen Sohnes Dr. Anton Huber und eines „außerehelichen Sohnes seiner vorverstorbenen ehelichen „Tochter Anna, Ignaz Huber, gestorben war. Sonstige „Verwandte sind nicht vorhanden. Nun hat zwar Marie „Frank am 3. März 1896 bei dem Notar Maier hier „ein Testament errichtet, worin Dr. Anton Huber als „Alleinerbe eingesetzt ist. Sie hat ferner bei ihren Leb„zeiten dem Dr. Anton Huber die von ihrem Manne er„erbte Büchersammlung im Werte von 10,000 Mark „schenkungsweise zugewendet, allein diese beiden Verfüg„ungen haben keine Gültigkeit. Denn Marie Frank „konnte gerade ihren Neffen Dr. Anton Huber nicht be-

„denken. Sie hat nämlich am 1. Juli 1890 mit ihrem „Manne Karl Frank ein gemeinschaftliches Testament er„richtet und verschlossen dem Notar Hellwig hier übergeben, „worin außer gegenseitiger Einsetzung der Ehegatten zu „Erben verfügt war, daß vom Gesamtnachlasse der Neffe „Anton Huber weder unter Lebenden noch von Todes„wegen irgend etwas erhalten dürfe. Zufolge dieser Be„stimmung, an die Marie Frank als Mitverfasserin des „gemeinsamen Testaments und als Erbin ihres Mannes „gebunden war, ist Dr. Anton Huber sowohl von der Testa„mentserbfolge als auch von der Gesetzeserbfolge in den „Nachlaß seiner Tante Marie Frank, ausgeschlossen. Ignaz „Huber aber ist als einziger erbberechtigter Verwandter der „Witwe Frank, die ohne gültiges Testament verstorben ist, „zu ihrer Erbschaft gesetzlich berufen. Da Dr. Anton „Huber auf Grund des ungültigen Testaments sich in „den Besitz der Erbschaft gesetzt hat und die Herausgabe „verweigert, war die Klage notwendig. Der Anspruch „des Ignaz Huber erstreckt sich auf alles, was zur Zeit „des Todes der Erblasserin sich in ihrem Vermögen be„funden hat, also auch auf das Vermögen, das auf sie „als Erbin ihres am 10. Oktober 1895 verstorbenen „Mannes übergegangen ist. Auch die Büchersammlung „gehört noch dazu, denn die ungültige Schenkung ver„mochte das Verschenkte dem Vermögen der Schenkerin „nicht zu entziehen."

Der Rechtsanwalt Denk verlas aus der Klagebeantwortungsschrift den Antrag auf Abweisung der Klage und führte aus:

„Ich gebe als richtig zu, was der Kläger über die Ver„mögens- und Personenstandsverhältnisse der Familien „Frank und Huber vorgetragen hat. Die thatsächlichen „Angaben über die beiden Testamente sind ebenfalls „richtig, aber unvollständig. Karl und Marie Frank „haben bereits am 12. Dezember 1888 zur Urkunde des „Notars Hellwig hier einen Erbvertrag folgenden Inhalts „geschlossen:

Wir Karl und Marie Frank, Privatiersgatten in Werden, setzen uns hiemit durch Erbvertrag gegenseitig zu Erben ein. Sterbe ich — Karl Frank — zuerst, so soll meine Frau meinem Neffen, dem Gastwirt Michael Frank in Bastheim, nach meinem Tode ein Sechstel und bei ihrem Tode ein weiteres Sechstel meines Nachlasses zukommen lassen.

„Einige Jahre später errichteten die Ehegatten ein ge-
„meinschaftliches Testament, das von Karl Frank am
„1. Juli 1890 eigenhändig niedergeschrieben, von Karl
„und Marie Frank unterschrieben, noch am gleichen Tage
„von beiden gemeinsam dem Notar Hellwig verschlossen
„übergeben und von diesem nach gesetzlicher Vorschrift
„behandelt worden ist. Es hat folgenden Wortlaut:

Wir Karl und Marie Frank, Privatiersehegatten von Werden, haben uns entschlossen, an Stelle unseres Erbvertrags vom 12. Dezember 1888 ein gemeinschaftliches Testament zu errichten und verfügen darum über unseren Gesamtnachlaß wie folgt:

Der Ueberlebende von uns beiden soll Erbe des Vorversterbenden sein. Zu unser beider Lebzeiten soll jeder über sein eigenes Vermögen und über seinen eigenen Nachlaß, nach dem Tode des Vorversterbenden soll der Überlebende über den Gesamtnachlaß frei verfügen können mit der einzigen Beschränkung, daß unser Neffe Anton Huber aus dem Gesamtvermögen weder unter Lebenden noch von Todeswegen irgend etwas erhalten darf. Denn er hat, nachdem er auf unsere Kosten das Gymnasium und drei Jahre lang als Theologe die Universität besucht hat, gegen unseren Willen sich dem ärztlichen Berufe zugewendet. Der Ausschluß des Anton Huber von unserem Gesamtnachlaß soll auch in den letzwilligen Verfügungen, die etwa einer von uns zu gunsten Dritter errichtet, den Bedachten zur Pflicht gemacht werden.

„Die in diesem Testamente zum Ausdruck gekommene
„Erbitterung gegen Anton Huber hielt nicht an. Denn
„Anton Huber, der sich nach Beendigung seiner Studien
„als praktischer Arzt in Werden niedergelassen hatte, be-
„handelte seinen Onkel Karl Frank in seiner letzten

„Krankheit und wußte diesen dabei so für sich einzunehmen, „daß er unmittelbar vor seinem Verscheiden zu seiner „Gattin äußerte:

Es reut mich jetzt doch, daß wir den Anton in unserem Testament so schlecht behandelt haben. Ich wollte, es wäre beim Erbvertrage geblieben, daß wenigstens Du für ihn sorgen könntest. Sieh zu, was sich für ihn thun läßt.

„Nach diesen Worten starb Karl Frank.

„Seine Witwe hat vor dem Verlassenschaftsgericht nach „Verlesung des Erbvertrags und des gemeinschaftlichen „Testaments die Erbschaft unbedingt, jedoch mit dem Bei„fügen angetreten, daß sie das testamentarische Zuwendungs„verbot nicht für verbindlich halte. Von dieser Auffassung „ausgehend hat sie ihrem Neffen Dr. Anton Huber in „Anerkennung seiner Dienste bei der Krankheit ihres „Gatten dessen Büchersammlung zu Weihnachten 1895 „zum Geschenke gemacht und ihn, als sie später in schwerer „Krankheit von ihm behandelt und gepflegt wurde, zu „ihrem alleinigen Erben ernannt.

„Bei dieser Sachlage ist wohl kein Zweifel, daß die „Verfügungen der Marie Frank zu gunsten des Be„klagten Dr. Anton Huber im Sinne des verstorbenen „Karl Frank geschehen sind und nicht als dem letzten „Willen des Karl Frank widerstreitend angefochten werden „können. Das Zuwendungsverbot des Testaments ent„sprach offenbar nicht dem wahren letzten Willen der „Erblasser und kann deshalb nach der Regel: in testamentis „voluntatem potius quam verba spectari placuit nicht „zur Stütze der Klage dienen. Ein solches Verbot hat aber „von vorneherein keine rechtliche Wirkung erlangen können, „weil die guten Sitten nicht zulassen, daß die Wahl eines „Berufs, die jedem Menschen vollkommen frei stehen soll, „unter Strafe gestellt werde. Auch den Grundsätzen des „Erbrechts widerstreitet das Verbot, denn es enthält eine „Beschränkung der Freiheit, letztwillig zu verfügen. Solche „Beschränkungen sind aber gesetzlich unstatthaft. Gilt hie-

„nach das Zuwendungsverbot für nicht geschrieben, so „steht der Erbfolge des Dr. Anton Huber aus dem Testa- „ment vom 3. März 1896 nichts im Wege.

„Allein selbst wenn dieses Testament nicht vorhanden oder „nichtig und das Zuwendungsverbot in Geltung wäre, so wäre „doch Dr. Anton Huber der berufene Erbe. Denn da es in „diesem Falle an einem Testamentserben mangeln würde, „so träte die gesetzliche Erbfolge ein. Auf diese können „sich die Wirkungen des Verbots nicht erstrecken. Die „gesetzliche Erbfolge kann nur durch letztwillige Einsetzung „eines Dritten zu Erben oder durch Enterbung des gesetz- „lichen Erben durchbrochen werden. Weder das eine noch „das andere ist geschehen. Für die Enterbung fehlt es „sowohl an einem gesetzlichen Enterbungsgrund als an „einem Enterbungsakt. Karl Frank hätte den Dr. Anton „Huber nicht enterben können, weil er mit ihm gar nicht „verwandt war, und daß Marie Frank ihn nicht enterbt „hat, geht jedenfalls deutlich aus dem Testamente vom „3. März 1896 hervor.

„Dr. Anton Huber ist daher auf alle Fälle rechtmäßiger „Erbe der Frau Marie Frank. Die Klage ist deshalb „unbegründet und zwar in allen ihren Teilen, insbesondere „auch soweit sie die Büchersammlung betrifft. Denn ge- „setzt selbst, die Schenkung wäre wegen des Verbots der „Zuwendung an Anton Huber unzulässig gewesen, so „hätte doch der Kläger Ignaz Huber kein Recht, dies „geltend zu machen, weil er, — wenn er Erbe ist, für „die Rechtsgeschäfte der Erblasserin einzustehen hat, wenn „er nicht Erbe ist, kein Interesse an der Anfechtung be- „sitzt.“

Der Vorsitzende erteilte hierauf das Wort dem Rechts- anwalt Mack. Dieser verlas aus seiner Klageschrift den Antrag:

Das K. Landgericht wolle den Kläger Ignaz Huber und den Beklagten Dr. Anton Huber verurteilen, den Michael Frank als Alleinerben in den Gesamtnachlaß der

18*

Privatiersehegatten Karl und Marie Frank anzuerkennen, und wolle den Beklagten Dr. Anton Huber verurteilen, an Michael Frank den Gesamtnachlaß einschließlich der Büchersammlung des Karl Frank herauszugeben,

eventuell wolle das K. Landgericht

den Ignaz Huber oder den Dr. Anton Huber verurteilen, dem Michael Frank ein Drittel des Nachlasses des Privatiers Karl Frank auszufolgen.

Zur Begründung dieses Antrages führte der Rechtsanwalt Mack aus:

„Gegen das thatsächliche Vorbringen meiner beiden „Gegner habe ich nichts einzuwenden. Den rechtlichen Aus„führungen des Vertreters des Ignaz Huber kann ich „mich ebenfalls anschließen, soweit sie dahingehen, daß „Dr. Anton Huber nicht Erbe ist und den Nachlaß zu „Unrecht besitzt. Dagegen muß ich die Sachlegitimation „des Ignaz Huber selbst bestreiten. Er ist nach seiner „Behauptung Rechtsnachfolger der verstorbenen Witwe „Frank. Diese hat widerrechtlich, weil gegen das gemein„same Testament handelnd, über den Gesamtnachlaß zu „gunsten des Dr. Anton Huber verfügt. Daraus ent„sprang ihrem Gatten Karl Frank, wenn er noch lebte, „das Recht zur Anfechtung der Verfügung. Mit dem „Tode des Karl Frank ist das Anfechtungsrecht auf seinen „einzigen Verwandten und gesetzlichen Erben Michael „Frank übergegangen. Dieser allein ist darum in der Lage, „dem Dr. Anton Huber den Gesammtnachlaß zu entreißen, „nicht Ignaz Huber, auf den als Rechtsnachfolger der „Marie Frank die Anfechtungsobligation höchstens passiv „übergegangen sein könnte.

„Sollte das Gericht indessen zur Anschauung gelangen, „daß das Zuwendungsverbot des gemeinsamen Testaments „unwirksam sei, so gebührt doch dem Michael Frank zum „mindesten ein Drittel des Nachlasses des Karl Frank „als Vermächtnis. Dieses Vermächtnis ist zunächst im „Erbvertrage vorgesehen, und es ließe sich wohl verteidigen,

„daß der Erbvertrag auch jetzt noch unmittelbar maßgebend „sei. Denn durch den Erbvertrag waren Karl und Marie „Frank an die getroffenen Verfügungen gebunden, im ge= „meinsamen Testament beabsichtigen sie auf grund neuen „Uebereinkommens die Gebundenheit wiederaufzuheben, „inhaltlich war mithin diese Verfügung selbst Erbvertrag „und darum notariell zu beurkunden. Da nun die „notarielle Beurkundung fehlt, so wäre das gemeinsame „Testament der Hauptsache nach nichtig und der Erbvertrag „vom 12. Dezember 1888 samt dem Vermächtnis an „Michael Frank noch in Kraft. Ich mache dies übrigens „nur äußerstenfalls und unter allen Umständen nur für „den Vermächtnisanspruch geltend, da ich den Erbanspruch „des Michael Frank auf die entgegengesetzte Anschauung „stütze. Im übrigen dürfte das Gericht durch den „Wortlaut des gemeinsamen Testaments nicht gezwungen „sein, den Wegfall des Vermächtnisses anzunehmen. Denn „abgesehen von der Frage, ob jenes Vermächtnis über= „haupt ohne Zustimmung der erbvertragsmäßig Bedachten „rückgängig gemacht werden konnte, liegt gar kein Grund „für die Annahme vor, daß Karl und Marie Frank das „Vermächtnis rückgängig machen wollten. Für sie handelte „es sich damals ja nur darum, sich von der vertrags= „mäßigen Gebundenheit wieder frei zu machen und den „Anton Huber auszuschließen. Beides konnte geschehen, „ohne daß dadurch das Vermächtnis an Michael Frank „berührt werden mußte. Endlich wäre zu bedenken, „ob nicht jenes Vermächtnis, wenn es mit dem Erbver= „trage erloschen und in das gemeinschaftliche Testament „nicht aufgenommen worden wäre, doch wieder Bestand „gewonnen hätte durch die vom Beklagten selbst be= „zeugten Worte des Karl Frank, er wollte, daß es beim „Erbvertrage geblieben wäre. Gegenstand dieses Wunsches „konnte nur sein, daß Marie Frank auch zu gunsten des „Dr. Anton Huber solle verfügen können und daß das „Vermächtnis an Michael Frank wiederauflebe. Denn

„nur in diesen Punkten unterschied sich nach der damaligen „Sachlage das gemeinschaftliche Testament vom Erbvertrage. „Wenn es nun auch nicht möglich war, in dieser Form „den Erbvertrag wiederherzustellen oder das Testament „aufzuheben, so war es doch möglich, in dieser Form ein „Vermächtnis zu errichten oder wiederaufleben zu lassen. „Hienach kann Michael Frank das Vermächtnis bean„spruchen, gleichviel ob Ignaz oder Anton Huber als „Erbe anerkannt wird."

Der hierauf zum Worte zugelassene Rechtsanwalt Hell erklärte, er bleibe auf seiner Klage stehen und bitte, die Klage des Michael Frank zurückzuweisen, überreichte dem Vorsitzenden schriftliche Fertigung des Antrags und brachte zur Sache vor:

„Den vom Vertreter des Beklagten Dr. Anton Huber „vorgetragenen Wortlaut der letztwilligen Verfügungen „vom 12. Dezember 1888 und 1. Juli 1890 erkenne ich „als richtig an. Auch gegen die Richtigkeit des thatsäch„lichen Vorbringens über die Aeußerung des Karl Frank auf „dem Sterbebette erhebe ich keine Erinnerung. Die Richtigkeit „der daraus von den Rechtsanwälten Denk und Mack ge„zogenen Schlüsse aber stelle ich in Abrede.

„Vor Allem kann doch die letzte Aeußerung des Karl „Frank nicht geeignet sein, das gemeinsame Testament „umzustoßen. Dazu hätte es der Zurücknahme des Testa„ments aus dem öffentlichen Gewahrsam, seiner Ver„nichtung oder Abfassung eines neuen formgerechten Testa„ments bedurft. Ein solches liegt nicht vor. Die „Aeußerung des Karl Frank ist also für die Frage der „Wirksamkeit des gemeinsamen Testaments ohne Belang.

„Ebenso ist die Meinungsäußerung der Witwe beim „Erbschaftsantritt belanglos. Sie war nur auf Grund „des gemeinschaftlichen Testaments berufen, hat die Erb„schaft ihres Mannes angetreten und mußte sich deshalb „den Bestimmungen des Testaments fügen, gleichviel ob

„sie diese beim Erbschaftsantritt für verbindlich hielt „oder nicht.

„Die Regel, daß man bei der Auslegung von Testa„menten mehr auf den Willen des Erblassers als auf den „Wortlaut sehen soll, bezieht sich nur auf dunkle Testa„mentsstellen. In unserem Falle aber herrscht vollkommene „Klarheit. Von einem Mißverständnisse bei Abfassung „des Testaments kann keine Rede sein. Das Zuwendungs„verbot ist im Testament unzweideutig und bestimmt ent„halten, folglich ist jede Zuwiderhandlung dagegen un„wirksam. Daß die Beeinflussung der Berufswahl durch „äußere Mittel unseren Empfindungen widerspräche, „gebe ich nicht zu. Sonst müßten alle auf Angehörige be„stimmter Berufsklassen beschränkten Stiftungen nichtig sein, „was gewiß nicht der Fall ist.

„Auch die besonderen erbrechtlichen Bedenken des Ver„treters des Dr. Anton Huber scheinen mir nicht be„gründet. Karl Frank wäre doch im Stande gewesen „zu bestimmen, daß sein Vermögen nach dem Tode „seiner Witwe an keinen Anderen als an Ignaz Huber „gelange. Wie er aber Alle außer Einem ausschließen „konnte, so mußte er auch in der Lage sein, Einen von „Allen auszuschließen. Marie Frank ferner war zweifel„los berechtigt, von der Erbfolge in ihren eigenen Nachlaß „jeden beliebigen Gesetzeserben fern zu halten. Der Aus„schluß war mithin bezüglich jedes Teils des Gesamtnachlasses „zulässig und möglich. Was aber von allen Teilen gilt „muß auch vom Ganzen gelten.

„Der Klage des Michael Frank halte ich vorweg die „Einrede der Unzuständigkeit entgegen, da Ignaz Huber „zu Freiberg im Landgerichtsbezirk Landen seinen Wohn„sitz hat. Sachlich mache ich geltend, daß es sich jetzt „nur um die Erbschaft der Frau Marie Frank handelt, „und daß doch Michael Frank auf Grund seiner Ver„wandtschaft mit Karl Frank kein Recht hat, dessen Frau „zu beerben.

„Der Vermächtnisanspruch kann jedenfalls in diesem „Prozesse nicht geltend gemacht werden. Denn nach der „eigenen Darstellung des Rechtsanwalts Mack bleibt das „Vermächtnis unbeeinflußt dadurch, ob Anton oder Ignaz „Huber im Prozesse obsiegt. Ich widersetze mich darum „der Hereinziehung dieses Anspruchs.

„Die Beanstandung, daß das gemeinsame Testament „vom 1. Juli 1890 wegen Mangels der Form den Erb„vertrag nicht habe aufheben können, scheint mir verfehlt. „Denn die Uebergabe zu Handen des Notars stellt nach „Artikel 22 des Notariatsgesetzes die Privaturkunde „der Notariatsurkunde gleich.

„Der letzten mündlichen Äußerung des Karl Frank „dagegen kommt offenbar wegen Mangels der Form „auch in Bezug auf das Vermächtnis nicht die Bedeutung „einer letztwilligen Verfügung zu."

Der Rechtsanwalt Denk ergriff hierauf das Wort zu folgender Gegenrede:

„Der Kläger Ignatz Huber hat die Behauptung auf„gestellt, Marie Frank habe sich durch den Erbschafts„antritt des Rechts begeben, das Zuwendungsverbot an„zufechten. Dies ist unrichtig, denn sie hat sich gegen die „Wirksamkeit des Verbots beim Antritt ausdrücklich „verwahrt. Da im Testament eine Bestimmung des „Inhalts, daß Marie Frank im Falle des Widerspruchs „gegen das Verbot nicht erben solle, mangelt, so war „die Verwahrung wirksam, wenn sie begründet war, „und hinderte den Erbschaftsantritt nicht.

„Den Versuch, das Zuwendungsverbot juristisch zu „rechtfertigen, halte ich nicht für gelungen. Denn der „Kläger Ignaz Huber beschränkt sich darauf, darzulegen, „daß es jedem der Frank'schen Ehegatten zustand, den „Dr. Anton Huber von seinem Nachlaß auszuschließen, „und umgeht die entscheidende Frage, ob es in der Macht „des Verfügenden lag, den Dr. Anton Huber vom Nach„lasse des Andern fern zu halten.

„Schließlich möchte ich noch einen Punkt erwähnen, „der mir bisher entgangen ist.

„Das gemeinsame Testament läßt deutlich er„kennen, daß der Ausschluß des Dr. Anton Huber „nur aus der Erbitterung der Eheleute Frank „über die vermeintliche Undankbarkeit ihres Neffen „entsprungen ist. Sollte man nicht anzunehmen haben, „daß das Zuwendungsverbot auch nur unter der Voraus„setzung der Fortdauer jener Stimmung Geltung behalte? „Das Römische Recht, meine ich, kennt derartige Voraus„setzungen bei Vermächtnissen. Der Ausschluß war eine „Strafbestimmung gegen den Neffen. Die Verfügenden „haben beide dem Neffen verziehen, man sollte darum „meinen, daß die Strafe erlassen sei.

„Der Ausführung des Rechtsanwalts Mack, daß der „Erbvertrag durch das gemeinsame Testament nicht „habe geändert werden können, kann ich mich anschließen, „soweit sie den Teil des Erbvertrags betrifft, der be„stimmungsgemäß Vertragsnatur hat. Das ist die „gegenseitige Einsetzung zu unbeschränkten Erben. Dem „Vermächtnis aber kam Vertragsnatur nicht zu, da der „Bedachte zum Bedenkungsakt nicht zugezogen war. Der „Aufhebung des Vermächtnisses durch die Testamente „vom 1. Juli 1890 und 3. März 1896 stand darum „nichts im Wege. Im übrigen schließe ich mich den „Ausführungen des Rechtsanwalts Hell gegen die An„sprüche des Michael Frank an, soweit sie mit meinen „Darlegungen vereinbar sind. Auffallend scheint mir, „daß Michael Frank jetzt erst seine Vermächtnisansprüche „vorbringt. Damit hätte er doch schon unmittelbar nach „dem Tode des Karl Frank hervortreten können.

„Ich bitte darum ebenfalls, die Klage des Michael „Frank als unzulässig oder doch als unbegründet ab„zuweisen."

Rechtsanwalt Denk übergab dem Vorsitzenden schriftliche Fertigung dieses Antrags.

Zum Schlusse erklärte der Rechtsanwalt Mack:

„Ich habe den Ausführungen meines Klagevorbringens, „auf denen ich durchweg bestehen bleibe, nur weniges „hinzuzufügen. Michael Frank, der von dem Verhältnis „erst nach dem Tode der Marie Frank zufällig erfuhr, „da er zur Verkündung des Erbvertrags nicht zugezogen „worden war, ist allerdings berechtigt und veranlaßt, den „Vermächtnisanspruch in dem gegenwärtigen Prozesse geltend „zu machen. Denn von der Entscheidung des zwischen „Anton und Ignaz Huber ausgebrochenen Streites über „die Erbschaft hängt ab, gegen wen der Vermächtnis„anspruch zu richten ist. Auch begehrt Michael Frank „ein Drittel gerade der Erbschaft, die Anton und Ignaz „Huber sich gegenseitig ganz streitig machen. Deshalb „dürfte er doch auch mit dem Vermächtnisanspruch in „diesem Rechtsstreite zuzulassen sein. Was die Unzuständig„keitseinrede anlangt, so ist richtig, daß Ignaz Huber seinen „Wohnsitz außerhalb des Landgerichtsbezirks Werden hat. „Allein ebenso steht fest, daß Dr. Anton Huber in Werden „seinen allgemeinen Gerichtsstand besitzt. Da nun „Michael Frank's Ansprüche nur gegen Ignaz und „Dr. Anton Huber zugleich geltend gemacht werden können, „so sind die Gerichte beider Wohnsitze zuständig und „Michael Frank hat die Wahl.

„Die Behauptung, daß es sich jetzt nur um den „Nachlaß der Witwe Marie Frank handle, halte ich nicht „für zutreffend. Es handelt sich um den Gesamtnachlaß „der Eheleute Frank, wie auch über den Gesamtnachlaß im „gemeinschaftlichen Testamente verfügt ist.

„Dabei möchte ich die Rechtsanschauung erwähnen, „die mein Klient mir ursprünglich als die seine bezeichnet „hat: Im gemeinschaftlichen Testament wollte über den „Gesamtnachlaß verfügt werden. Mithin ist von der Zeit „nach dem Tode des Letztlebenden auszugehen. Die Ver„fügungen auf die Zeit nach dem Tode des Vorver„sterbenden bis zum Tode des Letztlebenden sind nur als

„Uebergangsbestimmungen anzusehen. Für die Zeit nach „dem Tode des Letztlebenden ist im gemeinschaftlichen „Testamente nur verfügt, daß Dr. Anton Huber nicht „erben solle. Damit sind die übrigen gesetzlichen Erben „berufen und zwar die gesetzlichen Erben beider Erblasser, „weil nicht angenommen werden kann, daß jeder für sein „Vorableben gerade die gesetzlichen Erben des anderen „Teils auf das Ganze eingesetzt haben wollte.

„Auch hienach wäre Michael Frank wenigstens zur „Erbschaft des Karl Frank berufen.

„Ich muß es dem Gerichte anheimstellen, ob es sich „dieser Auffassung anschließen will, stütze jedoch vorsorglich „meinen Klagsanspruch hierauf."

Auf Befragen des Vorsitzenden erklärten die Rechtsanwälte Hell und Denk, daß sie den letzten Rechtsausführungen des Vertreters des Michael Frank widersprechen müßten, übrigens ihren Vorträgen insbesondere auch in thatsächlicher Beziehung nichts mehr beifügen könnten und wollten.

Der Vorsitzende schloß die Verhandlung und beraumte Termin zur Verkündung der Entscheidung auf den 11. Dezember 1896 nachmittags 5 Uhr an.

I. Probe-Aufgabe

aus dem Staatsrechte des Deutschen Reichs und des Königreichs Bayern. 1896.

I.

Die Pflege der Wissenschaften und Künste ist nach der deutschen Reichsverfassung keine Aufgabe des Reichs, sondern den einzelnen Bundesstaaten überlassen. In welchen Beziehungen und unter welchen Voraussetzungen sind jedoch die Organe des Reichs gleichwohl in der Lage, auf dem gedachten Gebiete direkt oder indirekt mitzuwirken?

II.

Die ledige Näherin Maria Huber aus Württemberg hielt sich mit ihren beiden minderjährigen außerehelichen Kindern Anna und Magdalena seit Januar 1895 in Erding auf und verdiente den Lebensunterhalt für sich und ihre Kinder durch Flick- und Wascharbeiten.

Am 21. Februar 1896 mußte Maria Huber wegen schwerer Krankheit, deren Dauer und Ausgang nach ärztlichem Gutachten damals nicht voraussehbar war, in das Krankenhaus zu Erding verbracht werden, aus welchem sie erst nach acht Wochen geheilt entlassen wurde. Seitdem vermag sie kaum den Unterhalt für ihre eigene Person notdürftig zu erwerben und ist sie nicht im Stande, von ihrem Verdienste irgend etwas für die Lebensbedürfnisse ihrer Kinder zu erübrigen.

Vor ihrer Verbringung in das Krankenhaus wurde Maria Huber vom Armenpflegschaftsrate Erding darüber einvernommen, was mit ihren Kindern geschehen solle; sie erklärte, das Liebste wäre ihr, wenn ihre Kinder von dem Armenpflegschaftsrate in die württembergische Gemeinde R. verbracht würden, wohin sie zuständig sei, da sie selbst keinerlei Mittel zur Bestreitung der Kosten einer solchen Reise oder für den weiteren Unterhalt ihrer Kinder besitze.

Der Armenpflegschaftsrat Erding erstattete dem K. Bezirksamte Erding Anzeige von der Sachlage, ohne hiemit irgend einen Antrag zu verbinden; das K. Bezirksamt erwirkte vorsorglich von der zuständigen württembergischen Behörde eine Uebernahme-Erklärung, welche dahin lautete, daß die württembergische Staatsangehörigkeit der beiden Kinder sowie die Verpflichtung des württembergischen Staates zur Uebernahme derselben samt ihrer Mutter im Falle ihrer gesetzlich begründeten Ausweisung aus Bayern anerkannt werde. Der von dieser Erklärung verständigte Armenpflegschaftsrat Erding ließ am 20. März 1896 die bis dahin in einer Armenanstalt untergebrachten Kinder der Maria Huber durch einen Begleiter nach der württembergischen Gemeinde R.

verbringen. Dort wurden die Kinder zunächst vorbehaltlos angenommen und verpflegt.

Nach Ablauf von zwei Monaten jedoch wurde von seiten des Landarmenverbandes R. die Zulässigkeit des von der Armenpflege Erding beobachteten Verfahrens bestritten, da eine freiwillige Heimreise der Kinder nicht vorliege, eine solche auch nach Maßgabe der völkerrechtlichen Vertragsbestimmungen hätte verhindert werden müssen.

Der Landarmenverband R. fordere demgemäß von der Armenpflege Erding, beziehungsweise vom bayerischen Staate Rückübernahme der beiden Kinder und vollen Ersatz der seit dem 20. März 1896 auf deren Verpflegung erwachsenen Kosten.

Was ist Rechtens?

II. Probe-Aufgabe
aus dem Staatsrechte des Deutschen Reichs und des Königreichs Bayern. 1896.

Der Bäcker Albrecht Weckmann, durch Abstammung württembergischer Staatsangehöriger, wanderte im Jahre 1864 ohne behördliche Bewilligung aus Württemberg nach Bayern aus und trat als Bäckergeselle in Landsberg a. L. in Arbeit.

Er verlor infolgedessen gemäß §§ 33 und 35 der Verfassungsurkunde für das Königreich Württemberg vom 25. September 1819 die württembergische Staatsangehörigkeit. Er selbst hatte jedoch hievon keine Kenntnis, ebenso die württembergischen Behörden, welche ihn noch im Frühjahr 1865 zur Erfüllung seiner Militärpflicht heranzogen. Bei letzterem Anlasse wurde Albrecht Weckmann für dauernd militärdienstuntauglich erklärt.

Im Jahre 1872 ließ sich Weckmann als Bäckermeister in Bogenhausen bei München nieder; nach drei Jahren verlegte er sein Geschäft und seinen Wohnsitz nach München, woselbst er sich am 1. Februar 1876 mit der in Landsberg a. L. beheimateten Afra Semmelmaier verehelichte.

Diese brachte ihm einen von ihr am 1. April 1868 außerehelich in Landsberg a. L. geborenen Sohn Adam in die Ehe mit, welcher nach dem Inhalte des pfarramtlichen Tauf- und Familienbuches und nach bei dem Vormundschaftsgerichte erklärtem Anerkenntnisse des Albrecht Weckmann von diesem erzeugt worden war. Während der Ehe wurden dem Albrecht Weckmann von seiner Ehefrau noch zwei Söhne geboren, nämlich

1. Johann, geboren am 1. April 1876 und
2. Xaver, geboren am 15. Dezember 1876.

Weckmann lebte in den ersten Jahren seiner Ehe in sehr dürftigen Verhältnissen und sah sich schon im Jahre 1876 infolge einer Erkrankung seiner Ehefrau genötigt, die Armenpflege München um vorübergehende Unterstützung anzugehen. Von dieser Behörde wurde er jedoch abgewiesen, da er Württemberger sei; er wendete sich hierauf an württembergische Behörden und erhielt hier den Bescheid, daß er die württembergische Staatsangehörigkeit infolge seiner Auswanderung verloren habe. Auf sein Ansuchen wurde dem Albrecht Weckmann nunmehr durch eine — am 1. April 1876 ausgehändigte — Urkunde der K. Regierung, Kammer des Innern, von Oberbayern vom 20. März 1876 für seine Person und für seine Ehefrau nach erfolgter Dispensation von der Verpflichtung zum vorgängigen Erwerbe der Heimat in einer bayerischen Gemeinde die bayerische Staatsangehörigkeit verliehen.

In den folgenden Jahren blieb Weckmann mehrfach mit Steuern und Umlagen im Rückstande; die letzteren wurden für die Jahre 1881, 1882, 1887 und 1892 sowie für das erste Halbjahr 1893 als uneinbringlich abgeschrieben.

Von diesem Zeitpunkte an trat eine Besserung in den pekuniären Verhältnissen des Albrecht Weckmann ein, namentlich infolge beträchtlicher Unterstützungen eines als Handelsgärtner in Konstantinopel wohnhaften sehr wohlhabenden Verwandten. Da nunmehr auch seine Söhne Adam und Johann ihm bei Ausübung seines Gewerbes helfend zur

Seite stehen konnten, hob sich sein Geschäft immer mehr, so daß er seine sämtlichen öffentlichen Abgaben vom zweiten Halbjahre 1893 an stets pünktlich entrichten konnte und fremde Hilfe nicht mehr in Anspruch nehmen mußte; auch die Gerichtskosten für eine ihm im Jahre 1894 wegen groben Unfugs zuerkannte zwölftägige Haftstrafe — seine erste und einzige gerichtliche Bestrafung — erlegte er sofort.

Inzwischen hatte im Jahre 1890 der oben erwähnte Verwandte den jüngsten Sohn des Weckmann, Xaver, veranlaßt, bei ihm als Arbeiter einzutreten; Xaver Weckmann war in dem Geschäfte dieses Verwandten in der Folgezeit als Aufseher thätig, und im Jahre 1896 wurde ihm die Oberleitung desselben übertragen.

Am 1. Dezember 1896 wendete sich Xaver Weckmann von Konstantinopel aus durch Vermittlung des dortigen Kaiserlich Deutschen Generalkonsulats an den Stadtmagistrat München mit der Bitte um Aufschluß darüber, welche Schritte er zu thun habe, um die von ihm beabsichtigte Eheschließung mit einer ottomanischen Staatsangehörigen in Konstantinopel derart zu vollziehen, daß seine Ehe auch in Bayern als rechtsgiltig anerkannt werden müsse.

Gleichzeitig wendete sich Adam Weckmann an den genannten Magistrat mit der Bitte um Ausstellung eines Heimatscheines zum Zwecke des Aufenthaltes im Auslande; da ihm jedoch hiebei seitens dieser Behörde Schwierigkeiten gemacht wurden, bat er dieselbe um schriftliche Aufklärung über seine Heimats- und Staatsangehörigkeitsverhältnisse und über den ihm behufs der Feststellung dieser Verhältnisse offen stehenden Rechtsweg.

Hierauf stellten auch Albrecht Weckmann und sein Sohn Johann an den Stadtmagistrat München die Bitte um Aufschluß über ihre Heimats- und Staatsangehörigkeitsverhältnisse.

Welche Auskunft hat der Stadtmagistrat München zu geben?

Probe-Aufgabe
aus dem katholischen Kirchenrechte. 1896.

Pfarrer Vitus in Kornleithen hat diese aus den Gemeinden Kornleithen und Ecksberg bestehende große und einträgliche Pfarrei im Jahre 1888 erhalten, ist aber, nachdem er vom Bischofe in A. einjährigen Urlaub erhalten, anfangs Oktober 1894 in das Noviziat des Redemptoristenklosters in Gars eingetreten. Am 3. November 1895 richtete derselbe an das bischöfliche Ordinariat in A., an die K. Regierung, Kammer des Innern, in A. und an den Patronatsherrn der Pfarrei Kornleithen Gutsbesitzer v. M. in Ecksberg gleichlautende Vorstellungen, in welchen er erklärte, er habe am 1. November 1895 die Ordensprofeß abgelegt und resigniere demnach seine Pfarrei Kornleithen, doch behalte er sich den Bezug von 1200 Mark, der ihm nach seiner eigenen Weisung während des Noviziatjahres in monatlichen Raten vom Pfarreinkommen nach Gars gesendet worden sei, als Absent noch auf 2 Jahre bevor, da die Pfarrei fassionsmäßig jahrlich 4500 Mark Reinertrag liefere, daher durch das bedungene Absent eine Beeinträchtigung der Pfründe oder des künftigen Pfarrers nicht eintrete; die Ersübrigungen während des Noviziatjahres überlasse er der Pfründe. In der Vorstellung an Herrn v. M. fügte Vitus noch die besondere Bitte bei, derselbe möge, um ihm, dem bisherigen Pfarrer, das Abkommen von der Pfarrei nicht zu erschweren und die Wiederbesetzung zu erleichtern, den erforderlichen Patronatsrevers ausstellen. Herr v. M. übersandte diese Erklärung des Pfarrers Vitus sofort an die Kreisregierung in A. mit folgendem Bemerken: Er sei über den Abgang seines Pfarrers Vitus sehr befremdet, da er diesen ausgezeichneten Priester doch dringend gebeten, wenigstens noch ein paar Jahre auf der Pfarrei auszuhalten, damit er die vielen von ihm in Angriff genommenen großen Arbeiten, wie die Restauration der Pfarrkirche, dann der Filialkirche Ecksberg, die Errichtung einer Kinderbewahranstalt u. s. w. vollenden könne. Wenn nun gleichwohl der Abgang des Pfarrers Vitus, der sehr schwer zu ersetzen sei, nicht verhindert werden könne, dann wolle er als Patronatsherr in diesem Erledigungsfalle auch mit der Wiederbesetzung der Pfarrei nichts zu thun haben und gebe der Kreisregierung anheim, die anderweitige Besetzung einzuleiten. Bei diesem Anlasse müsse er aber auf seine frühere Anregung zurückkommen. Er habe nämlich schon vor 6 Wochen den Antrag gestellt, es möchten für die Dauer der thatsächlichen Abwesenheit des Pfarrers Vitus, der sich wie bekannt nur 100 Mark monatlich nach Gars schicken lasse, die am Pfarreinkommen sich ergebenden Erübrigungen im Hinblick auf § 48 der II. Verfassungsbeilage zur Bestreitung der Restauration der Kirche in Eckberg verwendet werden, welche von Pfarrer Vitus mit ungenügenden Mitteln unternommen worden sei, von der Kirche Eckberg aber, die nur ganz geringes Vermögen besitze, nicht fortgesetzt werden könne. Die Pfarrei Kornleithen trage jährlich mindestens 4500 Mark, der für die Dauer der Abwesenheit des Pfarrers Vitus als Verweser aufgestellte I. Kaplan in Kornleithen, Priester Norbert, beziehe aus der besonderen Kaplaneistiftung jährlich 900 Mark, bedürfe daher aus dem Pfarreinkommen nur eines geringen Zuschusses zur Ergänzung des Verwesergehaltes, so daß sich bedeutende Erübrigungen ergeben hätten. Da sowohl die Kreisregierung als das zuständige Bezirksamt seinen desfallsigen Antrag a limine abgewiesen hätte, nehme er denselben hiermit wieder auf und beantrage, daß auch die von jetzt ab bis zur Wiederbesetzung der Pfarrei anfallenden Erübrigungen für die Kirche Eckberg verwendet werden möchten. Das Ministerium wolle hierüber entscheiden.

Die Kreisregierung teilte diese vom 11. November 1895 datierte Erklärung des Gutsbesitzers v. M. dem bischöflichem Ordinariate A. mit, schrieb aber zugleich die Pfarrei Kornleithen als eine in diesem Falle Landesherrlich zu besetzende Pfründe aus und erwähnte in dem Ausschreiben auch den Absentvorbehalt des Pfarrers Vitus.

Das Ordinariat A. protestierte mit Zuschrift vom 22. November gegen die vom 18. dieses Monats datierte Ausschreibung der Pfarrei Kornleithen und bemerkte, diese Pfarrei sei durch Ablegen des Ordensprofeß seitens des bisherigen Pfarrers sofort erledigt worden, die Wiederbesetzung falle der Sachlage nach dem Bischofe zu, derselbe habe auch mit Entschließung vom 22. November diese Pfarrei bereits dem bisherigen Pfarrverweser in Kornleithen Priester Norbert verliehen, werde jedoch die Einsetzung desselben in die Pfarrei erst nach definitiver Feststellung der Noten des Pfarrkonkurses, welchem Norbert im Juli 1895 sich mit einem, wie jetzt schon gewiß sei, mindestens die Note II—I sichernden Erfolge unterzogen habe, vornehmen. Der Antrag des Gutsbesitzers v. M. sei ganz unzulässig, da von Interkalarien bei der Pfarrei Kornleithen weder während des Noviziates des Pfarrers Vitus noch auch im Hinblick auf das bischöfliche Dekret vom 22. November, nach dessen Resignation die Rede sein könne; der Absentvorbehalt des Pfarrers Vitus sei unstatthaft und die Aufnahme dieses Vorbehaltes in das Regierungs-Ausschreiben sei ein Fehler.

Nunmehr legte die Kreisregierung die Akten dem Ministerium vor und bemerkte in dem Einsendungsberichte: Bei näherer Erwägung der ganzen Sachlage müsse zugegeben werden, daß sie, die Regierung, vielleicht nicht ganz korrekt verfahren sei, jedenfalls aber sei das Vorgehen der bischöflichen Stelle unzulässig. Es sei bisher übersehen worden, daß Vitus die Pfarrei Kornleithen nicht von Herrn v. M., sondern auf Grund eines von diesem dem Vorgänger des Vitus ausgestellten Reverses durch Landesherrliche Verleihung erhalten habe. Hienach erscheine es zweifelhaft, ob die Pfarrei schon rite erledigt sei. Keinesfalls könne entgegen dem von Herrn v. M. am 11. November neuerdings ausgestellten Reverse die libera collatio eintreten, sondern die Pfarrei sei Landesherrlich zu besetzen. Unter allen Umständen sei die Verleihung an Priester Norbert ungiltig, denn derselbe habe 1890 in seiner Heimatdiözese Hildesheim die Priesterweihe erhalten, sei erst 1892 in die Diözese A. aufgenommen worden und besitze weder das bayerische Indigenat noch den Landesherrlichen Tischtitel, auch sei noch ungewiß, ob derselbe den Pfarrkonkurs bestanden habe, da nach eigener Mitteilung des Ordinariats die Ergebnisse dieses Konkurses noch nicht einmal in der Korrektur und jedenfalls noch nicht durch Ministerial-Erlaß festgestellt seien.

Hinsichtlich des von Herrn v. M. bezüglich der Erübrigungen am Pfarreinkommen gestellten Antrages, der ganz und gar unbegründet sei, bedürfe es keiner weiteren Erörterung.

Aufgabe: Es ist die Entscheidung des Ministeriums unter Anführung der einschlägigen Gesetze und Verordnungen zu entwerfen.

Probe-Aufgabe

aus dem protestantischen Kirchenrechte 1896.

Die protestantische Pfarrei A., deren Sprengel sich mit dem Bezirke der politischen Gemeinde A. deckt, soll infolge ihrer Größe dismembriert werden und zwar ist die Teilung in 3 Parochien, entsprechend den 3 in der jetzigen Pfarrei vorhandenen Kirchen, in Aussicht genommen.

Bezüglich der vermögensrechtlichen Verhältnisse der Pfarrgemeinde A. ist folgendes zu bemerken:

Die Pfarrei besitzt ein Kirchenvermögen von etwa 400,000 Mark, dessen Renten zur Bestreitung der kirchlichen Bedürfnisse, insbesondere auch zur teilweisen Deckung der auf die Erbauung der dritten Kirche erlaufenen Schulden im Gesamtbetrage von etwa 1 Million verwendet werden. Da jedoch diese Renten zur Verzinsung und allmählichen Abtragung der Kirchenbauschuld nicht hinreichen, wurde auf Antrag der Kirchenverwaltung von der gemäß § 23 Ziffer I des Abschiedes für den Landtag des Königreichs Bayern vom

28. Mai 1892 (Gesetz- und Verordnungsblatt 1892 Seite 130 ff.) gebildeten Kirchengemeinderepräsentation unterm 10. Juni 1893 die Erhebung einer 10%igen Kirchengemeindeumlage zunächst bis zum Jahre 1910 beschlossen.

Der von der zuständigen kirchlichen Oberbehörde bezüglich der Dismembration gestellte Antrag führt hinsichtlich der hiebei in Frage kommenden Regelung der vermögensrechtlichen Verhältnisse Nachstehendes aus:

Die Abteilung des Vermögens und der Schulden der jetzigen Pfarrei unter die drei neu zu bildenden Pfarreien werde auf nicht unerhebliche Schwierigkeiten stoßen. Denn es werde zweifelhaft sein, nach welchem Maßstabe zunächst die Vermögensteilung erfolgen solle, ob nach der Seelenzahl der neuen Parochien oder nach dem Flächeninhalte derselben oder zu gleichen Teilen; bezüglich der Schulden aber werde es fraglich erscheinen, ob nicht die um die dritte Kirche gebildete Kirchengemeinde die für die Erbauung dieser Kirche aufgenommenen Schulden, als ausschließlich für ihre Zwecke erwachsen, allein zu übernehmen haben würde.

Demgemäß werde beantragt, von einer Abteilung des Vermögens und der Schulden gänzlich Umgang zu nehmen, dieselben vielmehr auch in Zukunft vereinigt zu lassen und die gegenwärtige Kirchenverwaltung zu A. als ein den 3 neuen Parochien gemeinsames Organ mit diesen Vermögens- beziehungsweise Schuldenverwaltung zu betrauen. Sie solle die Renten des Kirchenvermögens ihren Zwecken zuführen, die nach dem Beschluß vom 10. Juni 1893 zu erhebenden Umlagen vereinnahmen und bestimmungsgemäß verwenden und erforderlichen Falls die Erhöhung oder Forterhebung dieser Umlagen (nach dem Jahre 1910) bei der Kirchengemeinderepräsentation der Gesamtkirchengemeinde beantragen.

Die Wahl der Kirchenverwaltung und der Kirchengemeinderepräsentation der Gesamtkirchengemeinde soll in Zukunft wie bisher von den Mitgliedern derselben, sohin der sämtlichen 3 Parochien erfolgen.

In der Begründung dieses Antrags ist bemerkt:

Es werde keinem Zweifel unterliegen, daß das gegenwärtige Kirchenvermögen Eigentum der jetzigen Gesamtkirchengemeinde sei, und daß es daher, wenn von seiner Abteilung Umgang genommen werde, zu ungeteilten Teilen in das Miteigentum der 3 aus der alten Gesamtkirchengemeinde hervorgegangenen Einzelparochien übergehe. Ebenso verhalte es sich mit den zur Zeit vorhandenen Schulden. Auch für sie blieben die 3 neuen Kirchengemeinden als Rechtsnachfolger der jetzigen Kirchengemeinde in ihrer Gesamtheit haftbar. Daß die Verwaltung dieses gemeinsamen Vermögens und dieser gemeinsamen Schulden nicht von der Kirchenverwaltung einer einzigen Pfarrei, etwa der um die erste Kirche gebildeten, sondern nur von einer aus sämtlichen ehemaligen Bestandteilen der alten Gesamtkirchengemeinde gewählten Kirchenverwaltung besorgt werden und die Beschlußfassung über die gemeinsamen, in diesen Bestandteilen zu erhebenden Umlagen nur von einer ebenso gewählten Kirchengemeinderepräsentation ausgehen könne, werde einer weiteren Erörterung nicht bedürfen.

Nur eventuell für den Fall der Ablehnung dieser Vorschläge werden von der kirchlichen Oberbehörde folgende Anträge gestellt:

Das jetzige Kirchenvermögen und die vorhandenen Schulden sollen unter die 3 neuen Parochien abgeteilt werden. Die Abteilung soll pro rata der Seelenzahl der neuen Pfarreien erfolgen, da dieser Teilungsmaßstab immer noch der gerechteste sei und da auch wohl die vom Bau der dritten Kirche herrührenden Schulden, nachdem sie von der Gesamtkirchengemeinde aufgenommen worden seien, den sämtlichen Bestandteilen derselben und nicht allein der Kirchengemeinde, in deren Sprengel die betreffende Kirche sich befinde, zur Last zu fallen haben dürften. Wenn nun auch diese Schulden ohne weiteres kraft des Dismembrationsaktes auf die neuen Kirchengemeinden übergingen, so werde doch den Schuldgläubigern nicht zugemutet werden können, statt der einen bisherigen Schuldnerin in Zukunft 3 nicht in dem gleichen Maße wie diese leistungsfähige Schuldnerinnen zu erhalten. Um dies zu verhüten, habe sie die derzeitige Kirchengemeinde A. veranlaßt, sich durch formgerechte Beschlüsse ihrer Kirchenverwaltung und Kirchengemeinderepräsentation zu verpflichten, die gegenwärtige 10%ige Umlage auch nach ihrer Umwandlung in drei Einzelgemeinden fortzuerheben. Gleiche Beschlüsse würden auch die 3 Einzelgemeinden zu fassen und sich dabei verbindlich zu machen haben, die erhobenen Umlagen an eine noch zu bestimmende Kirchenverwaltung einer der 3 Parochien abzuliefern, welche dieselbe sodann ihrem Zwecke zuzuführen hätte.

Die betreffenden Beschlüsse der Kirchengemeinde A., welche die kuratelamtliche Genehmigung gefunden hätten, würden hiemit vorgelegt.

Frage 1: Von wem sind die Anträge der kirchlichen Oberbehörde zu verbescheiden?

Frage 2: Welcher von den beiden der von der kirchlichen Oberbehörde gestellten Anträge hinsichtlich der Regelung der Vermögensverhältnisse bei der Dismembration erweist sich als rechtlich durchführbar? Eventuell mit welchen Modifikationen?

Frage 3: Gesetzt, die Dismembration ist durchgeführt worden, hiebei aber eine Regelung der Vermögens- und Schuldverhältnisse unterblieben,

a. was ist dann in dieser Beziehung rechtens?

b. gesetzt, die um die erste frühere Hauptkirche gebildete Kirchengemeinde sei in diesem Falle im Besitze des Vermögens der dismembrierten Kirchengemeinde geblieben, steht den übrigen neugebildeten Kirchengemeinden ein Rechtsanspruch auf die Substanz oder auf die Renten dieses Vermögens zu? Welcher Natur wäre dieser Anspruch und von wem wäre er geltend zu machen und zu verbescheiden?

Die Entscheidungen sind zu begründen.

Probe-Aufgabe
aus dem Polizeirecht. 1896.

Der Sergeant Joseph Lang von dem in N. garnisonierenden 1. Bataillon des Xten Infanterieregiments, ledig, 36 Jahre alt, bayerischer Staatsangehöriger, in P., Bezirksamts A. beheimatet, war von seinem Truppenteil auf die Dauer von 3 Monaten zur informatorischen Beschäftigung bei dem in P. befindlichen Rentamte kommandiert worden.

Bald nach der am 1. September l. J. erfolgten Ankunft des ꝛc. Lang in P. zeigten sich bei ihm Anzeichen von Geistesstörung. Er mißhandelte den dortigen Gemeindediener, weil er es unterließ, ihm militärische Ehrenbezeigung zu erweisen, auf das Gröblichste. An einem Sonntage hielt er auf dem Kirchenplatze vor Beginn des Gottesdienstes an das dort versammelte Publikum eine konfuse Ansprache religiösen Inhalts. Als er zur Verhinderung von Störungen des Gottesdienstes von der Gendarmerie in seine Wohnung gebracht wurde, drohte er, er werde demnächst die ganze Ortschaft P. „ein wahres Sodoma" mit Feuer und Dynamit zerstören. Die Gendarmerie erstattete dem K. Bezirksamte A. von dem Sachverhalt Anzeige; letzteres veranlaßte den K. Bezirksarzt zur Aeußerung über den Geisteszustand des ꝛc. Lang und dessen Gemeingefährlichkeit.

Der K. Bezirksarzt äußerte sich auf Grund persönlicher Untersuchung folgendermaßen:

Lang sei geisteskrank und gemeingefährlich, seine Unterbringung in eine Irrenanstalt sei dringend geboten. Das K. Bezirksamt vernahm den ꝛc. Lang, welcher erklärte, er müsse gegen jede Zwangsmaßregel protestieren, er sei nicht geisteskrank, die ihm zur Last gelegten Excesse seien erdichtet und Ränke seiner Feinde, welche ihm wegen seiner Stellung und seiner Verdienste um das Vaterland neidisch gesinnt seien.

Das K. Bezirksamt forderte hierauf den Gemeindeausschuß P. auf, wegen Unterbringung des ꝛc. Lang in einer Irrenanstalt das Erforderliche einzuleiten.

Der Gemeindeausschuß beschloß aber, von dieser Maßnahme abzusehen, da Lang der aktiven Armee angehöre und die Militärbehörde für ihn zu sorgen hätte. Die Gemeinde P. müßte sich bei der notorischen Vermögenslosigkeit des rc. Lang auf alle Fälle gegen die entstehenden Kosten verwahren.

Der von der Aktenlage verständigte landgerichtliche Staatsanwalt in E. erklärte, er werde Antrag auf Entmündigung des rc. Lang stellen.

Unterm 2. Oktober l. J. faßte das Bezirksamt A. Beschluß, daß rc. Lang wegen Geistesstörung und nachgewiesener Gemeingefährlichkeit in der Kreisirrenanstalt unterzubringen sei; die Kosten, soweit sie nicht etwa durch die Pension desselben gedeckt würden, habe die Gemeinde P. zu tragen.

Die Begründung des gebührenfrei belassenen Beschlusses lautete im wesentlichen:

Geisteskrankheit und Gemeingefährlichkeit des rc. Lang seien aktenmäßig und durch bezirksärztliches Gutachten festgestellt, sohin die Zulässigkeit der zwangsweisen Einschaffung des Genannten in eine Irrenanstalt begründet. Es sei belanglos, daß rc. Lang noch im aktiven Militärdienste stehe. Die einschlägigen gesetzlichen Bestimmungen hätten der Natur der Sache nach auf Zivil- wie Militärpersonen Anwendung zu finden.

Das Gesetz unterscheide auch nicht zwischen beiden Kategorien Geisteskranker.

Die Zurückberufung des rc. Lang zu seinem Truppenteil könnte nur die Unterbringung desselben zu seinem Nachteile verzögern; schließlich müßte es doch wieder dahin kommen, daß das Bezirksamt die zwangsweise Unterbringung beschließe.

Die Kosten dieser Maßnahme müßte subsidiär die Gemeinde P. als Heimatgemeinde des rc. Lang tragen, weil Letzterer hiezu nur mit seiner etwaigen Pension konkurrieren könne, diese aber voraussichtlich nicht zur Bestreitung der Verpflegskosten niederster Klasse ausreichen würde.

Dieser Beschluß wurde am 6. Oktober dem ꝛc. Lang und dem Bürgermeister der Gemeinde P. eröffnet. Dem einschlägigen Bataillonskommando wurde Abschrift des Beschlusses „zur Kenntnisnahme und allenfallsigen weiteren Veranlassung“ mitgeteilt.

Am 20. Oktober notifizierte der Staatsanwalt am Landgerichte E. unter Bezugnahme auf seine frühere Erklärung, daß das Amtsgericht P. die Entmündigung des ꝛc. Lang abgelehnt habe, weil die Erkrankung desselben, wenn sie überhaupt bestehe, noch nicht soweit vorgeschritten sei, daß sie Einfluß auf dessen Handlungsfähigkeit hätte gewinnen können. Eine Beschwerde werde er gegen diesen Beschluß nicht erheben.

Am 21. Oktober kam eine an die vorgesetzte K. Regierung, Kammer des Innern, gerichtete Beschwerde des Gemeindeausschusses P. bei dem K. Bezirksamte A. in Einlauf, worin um Aufhebung des bezirksamtlichen Beschlusses vom 2. Oktober gebeten wurde.

Unter Bezugnahme auf den bei den Akten befindlichen früheren Beschluß des Gemeindeausschusses wurde ausgeführt, die Sachlage habe inzwischen zu Gunsten der Beschwerdeführerin insofern eine Aenderung erfahren, als das K. Amtsgericht P. die Entmündigung des ꝛc. Lang abgelehnt habe.

Hiedurch sei die Unzulässigkeit der Zwangseinschaffung evident dargethan.

Es könne keinesfalls angehen, Jemand der noch die volle Freiheit seines Handelns und die Verantwortung hiefür trage, auf Kosten seiner Heimatgemeinde in's Irrenhaus zu sperren. Für Unschädlichmachung solcher Leute müßten eventuell der Staatsanwalt und der Strafrichter sorgen.

Unterm gleichen Tage lief auch eine Erklärung des Bataillonskommando's in N. beim K. Bezirksamte A. ein, worin ausgeführt wurde, daß die Anordnung wegen Unterbringung des ꝛc. Lang den Militärbehörden zugestanden wäre, und daß die vom Bezirksamte beliebte Sachbehandlung einen Eingriff in die dienstlichen Befugnisse der genannten Behörden in sich schließe.

Die Maßnahmen bezüglich ärztlicher Behandlung erkrankter Mannschaften seien Sache der militärischen Vorgesetzten, welche dieselben nach Maßgabe der einschlägigen Dienstesvorschriften zu treffen hätten. Soweit hiebei ein Einvernehmen mit bürgerlichen Behörden stattzufinden hätte, würde von den Militärbehörden ohnehin den bezüglichen gesetzlichen Vorschriften Rechnung getragen. Es werde das Ersuchen gestellt, die Angelegenheit im dienstlichen Interesse der K. Regierung, Kammer des Innern, zur weiteren Entscheidung zu unterbreiten.

Der Sergeant Lang endlich schrieb am 24. Oktober an das K. Bezirksamt A., er sei, um seine Ruhe zu bekommen, freiwillig in die Privatirrenanstalt des Dr. S. in K., Bezirksamts W., eingetreten, er müsse aber dem Bezirksamt und der Regierung die Befugnis, ihn zwangsweise in der Kreisirrenanstalt verwahren zu lassen, absprechen und bitte um den verfassungsmäßigen Rechtsschutz.

Das K. Bezirksamt brachte mit Bericht vom 28. Oktober die Akten der K. Regierung, Kammer des Innern, in Vorlage.

Dortselbst gelangte am 1. November ein Beschwerdenachtrag des Gemeindeausschusses P. in Einlauf. Der Gemeindeausschuß nahm Bezug auf den inzwischen erfolgten Eintritt Langs in die Privatirrenanstalt des Dr. S. in K., legte ein Zeugnis des Letzteren vor, wonach er sich bereit erklärte, den ꝛc. Lang in seiner Anstalt, in welche er denselben mit Zustimmung der Aufsichtsbehörde aufgenommen habe, gegen ein jährliches Verpflegsgeld von 300 Mark und 50 Mark Kleideraversum ferner zu behalten.

Der Gemeindeausschuß bemerkt hiezu, nun sei der bezirksamtliche Beschluß jedenfalls zur Aufhebung bereift, denn Jemanden, der freiwillig in eine Irrenanstalt eingetreten sei, brauche man nicht mehr zwangsweise unterzubringen. Nur eventuell werde gebeten, die bezirksamtliche Anordnung, soweit sie die Verwahrung in der Kreisirrenanstalt ausspreche, abzuändern und dem Verbleib des ꝛc. Lang in der Privatirrenanstalt K. ein Hindernis nicht in den Weg zu legen. Der Aufenthalt komme dort billiger, weil Dr. S. ein naher Verwandter des ꝛc. Lang sei. Übrigens sei es nicht Sache des Bezirksamts, zu bestimmen, in welcher Irrenanstalt der ꝛc. Lang verwahrt werden solle, dies sei gesetzlich den zuständigen örtlichen Organen vorbehalten. Die K. Regierung teilte die Akten mit Schreiben vom 6. November dem einschlägigen Brigadekommando mit, welches in seiner Erwiderung vom 30. November sich den Ausführungen des Bataillonskommandos anschloß und beifügte, Lang sei seit kurzer Zeit wegen Dienstuntauglichkeit mit Pension aus der aktiven Armee ausgeschieden.

Der zur Sache einvernommene K. Kreismedizinalrat äußerte sich gutachtlich dahin, daß Lang zweifelsohne geisteskrank und gemeingefährlich sei, daß aber seinerseits gegen die Internierung desselben in der den gesetzlichen und normativmäßigen Anforderungen vollständig entsprechenden Anstalt des Dr. S. kein Bedenken bestünde und daß letztere Maßnahme wohl auch im Interesse des Kranken liege.

Aufgabe ist: Die veranlaßte Regierungsentschließung zu entwerfen und eingehend unter Würdigung des Vorbringens der Beteiligten rechtlich zu begründen.

Probe-Aufgabe

aus der Volkswirtschaftslehre und Sozialgesetzgebung 1896.

I.

In der Gemeinde Feldheim sind 267 Kühe vorhanden, außerdem 123 Stück Jungvieh im Alter unter einem Jahre.

Der einzige für den Gemeindebezirk Feldheim angekörte Zuchtstier wird im Turnus gehalten und zeitweise auch für Kühe in der Nachbargemeinde Hochdorf verwendet.

Außerdem hält der Gutsbesitzer v. M. in Feldheim, welcher 30 Kühe besitzt, einen nicht angekörten Zuchtstier, den er auch einigen Nachbarn zu Zuchtzwecken gegen ein Sprunggeld von 50 Pfennig zur Verfügung stellt.

Zwanzig Viehbesitzer aus der Gemeinde Feldheim beantragten nun bei der dortigen Gemeindebehörde die Regelung der Zuchtstiererhaltung in der Gemeinde Feldheim, nachdem sie vorher die Bildung einer Genossenschaft zur gemeinsamen Haltung eines Zuchtstieres ohne Erfolg versucht hatten.

Gegen jedes weitere Vorgehen erhoben nun zehn andere Viehbesitzer Einspruch bei der Gemeindebehörde, da sie keines Zuchtstieres bedürfen, ihre Kühe nur zu Molkereizwecken und zur Mastung halten und nach Bedarf von auswärts kaufen.

Von dem Gutsbesitzer v. M. kam kein Antrag bei der Gemeindebehörde ein.

Welche Anordnungen hat nunmehr die Gemeindebehörde bezüglich der Zuchtstierhaltung und der Aufbringung der Kosten hiefür zu treffen?

II.

In welcher Weise kann der Absatz der landwirtschaftlichen Erzeugnisse vom Staate und den Landwirten selbst gefördert werden?

III.

a. Durch welche Mittel kann von Seite des Staates oder größerer Gemeinwesen der Sparsinn gefördert werden? Sind insbesondere „Sparprämien" wirtschaftlich gerechtfertigt?

b. In welchem Umfange und unter welchen Voraussetzungen ist ein Zwang zum Sparen zulässig und empfehlenswert? Wie unterscheidet sich ein solcher Sparzwang von einer etwa für die gleichen Zwecke in Frage kommenden Zwangsversicherung?

I. Aufgabe
aus der Staatsfinanzwirtschaft.

Was versteht man unter Gebühren im allgemeinen

und in welcher Form können dieselben erhoben werden?

Welche Arten von Gebühren kommen in Bayern zur Erhebung und in welchen Fällen besitzen sie den Charakter von Vermögens- oder Verkehrssteuern? Welche Gesichtspunkte lassen die Erhebung solcher Steuern als angemessen erscheinen.

Welche Gebühren einschließlich der Vermögens- und Verkehrssteuern fließen in die Reichskasse, welche in die bayerische Staatskasse, welche in die Gemeindekassen?

Empfiehlt es sich, den Gemeinden die Einführung örtlicher Abgaben für Besitzveränderungen von Liegenschaften neben den staatlichen Gebühren zu gestatten?

Die Fragen sind mit besonderer Berücksichtigung des bayerischen Gebührengesetzes und der einschlägigen Reichsgesetze zu bearbeiten und die in denselben enthaltenen Gebühren im engeren Sinne, dann die steuerlichen Gebühren — erstere in ihren Hauptgruppen, letztere in allen wichtigeren Arten — aufzuführen.

II. Aufgabe
aus der Staatsfinanzwirtschaft.

Zu welcher Gattung von Staatsauflagen ist die Hundesteuer zu zählen? Welche Gründe sprechen für und welche gegen die Einführung einer Hundesteuer? Welche Gesichtspunkte kommen bezüglich der Ausgestaltung derselben in Betracht und in welcher Weise hätte diese am zweckmäßigsten zu erfolgen?

Eignet sich die Hundesteuer besser zu einer Staatssteuer oder zu einer Gemeindeabgabe?

Ist das Reich zur Einführung einer Abgabe für das Halten von Hunden als Reichssteuer verfassungsmäßig zuständig und welchen Einfluß hätte die Einführung einer solchen Reichssteuer auf den Fortbestand der landesrechtlichen Hundesteuern?

In welcher Weise ist die in Bayern zur Zeit eingeführte Gebühr für das Halten von Hunden geregelt? Welche Normen bestehen insbesondere über deren Festsetzung, Erhebung und Verwendung und welche Behörden haben bei dem Vollzuge des Gesetzes — im allgemeinen sowie in Beschwerde- und Straffällen — mitzuwirken?

Sind nach dem dermaligen Stande der bayerischen Gesetzgebung die Gemeinden befugt, weitere Abgaben für das Halten von Hunden einzuführen?

Der Beantwortung der letzten Frage ist, soweit erforderlich, von den Kandidaten des Regierungsbezirkes der Pfalz die in demselben geltende Gemeindegesetzgebung zu Grunde zu legen. —

Praktischer Fall
aus dem Gebiete der inneren Verwaltung 1896.

I.

Der Dampfdreschmaschinenbesitzer, Johann Kolb, welcher in der unmittelbaren Stadt Henfeld, im rechtsrheinischen Regierungsbezirke Z. wohnt und daselbst auch sein Gewerbe angemeldet hat, betreibt die Dampfdrescherei gewerbsmäßig in der Weise, daß er jährlich während 5 bis 6 Monaten in Henfeld und in einem Umkreise von 5 bis 6 Stunden die Oekonomen aufsucht und mit seiner Maschine an passenden Plätzen deren Getreide ausdrischt. In der Stadt Henfeld besteht eine gemeinsame Ortskrankenkasse für alle industriellen und gewerblichen in Henfeld krankenversicherungspflichtigen Personen, bei welcher auch das Maschinenpersonal des ꝛc. Kolb versichert ist.

Der Dampfdreschmaschinenbesitzer Kolb hat übungsgemäß bei Ausübung seines Gewerbes das für die Maschine und das Einlegen der Getreidegarben auf der Maschine notwendige Personal zu stellen, während die übrigen zum

Beischaffen der Getreidegarben, zum Einfüllen der Körner in die Säcke, Zubinden und Aufschichten derselben u. s. w. notwendigen landwirtschaftlichen Arbeiter der betreffende Oekonom, bei welchem gedroschen wurde, zur Verfügung zu stellen hatte.

Nachdem ꝛc. Kolb im Juli 1895 8 Tage in der Gemeinde Kasberg, rechtsrh. Bez.-Amts A. mit der Dampfdreschmaschine gearbeitet hatte, wurde eine der zum Einlegen der Getreidegarben auf der Maschine bestimmten Personen krank und arbeitsunfähig. Als Ersatz für dieselbe nahm der genannte Dampfdreschmaschinenbesitzer am 1. August 1895 den verheirateten in Treufeld, k. Bez.-Amts A., heimatsberechtigten Taglöhner Johann Schneider, welcher damals außer Arbeit war, gegen einen Taglohn von 1 Mark 80 Pfennig für die vorhererwähnte Arbeit auf der Maschine auf unbestimmte Zeit als Arbeiter an. ꝛc. Schneider, welcher mit seiner Ehefrau und zwei Kindern in Kasberg Wohnung nahm, verrichtete demgemäß das Einlegen der Garben auf der Maschine und kleinere an letzterer notwendige Arbeiten.

ꝛc. Kolb meldete sofort am 1. August 1895 den ꝛc. Schneider zur Gemeindekrankenversicherung Kasberg, welche übrigens auf landwirtschaftliche Arbeiter nicht statutarisch ausgedehnt war, an und wurden auch die sodann fälligen Krankenversicherungsbeiträge bezahlt. Am 20. August 1895, an welchem Tage bei dem Oekonomen Johann Fürst in Kasberg mit der Maschine gedroschen wurde half ꝛc. Schneider mit Zustimmung seines Arbeitgebers bei dem Zubinden und Aufschichten der Getreidesäcke. Hiebei fiel derselbe, während er mit Aufeinanderschichten der Säcke beschäftigt war, von letzteren herab und verletzte sich derart am Knie, daß er noch am 20. August 1895 auf Veranlassung des Armenpflegschaftsrats Kasberg in das Distriktskrankenhaus Schorndorf, K. Bez.-Amts A., transportirt werden mußte, in welchem eine Operation am Kniegelenke notwendig wurde.

Von der Aufnahme des ꝛc. Schneider in das Distriktskrankenhaus, welches in Folge Uebertragung die den Gemeinden des Distrikts F., K. Bez.-Amts A., zu welchen auch die Gemeinde Kasberg gehörte, zugewiesenen Verpflichtungen zur Krankenhilfe nach Maßgabe der Bestimmungen des Armengesetzes vom 29. April 1869 zu gewähren hatte, erstattete die Distriktskrankenhausverwaltung am 21. August 1895 Anzeige an die Verwaltung der Gemeindekrankenversicherung Kasberg und am 22. August 1895 auch an den Armenpflegschaftsrat der Heimatgemeinde Treufeld.

Die Verwaltung der Gemeindekrankenversicherung Kasberg teilte am 22. August 1895 diese Anzeige an den Vorstand der Ortskrankenkasse Henfeld unter dem Anfügen mit, daß ꝛc. Schneider in Kasberg nicht krankenversicherungspflichtig gewesen sei, somit auch eine Zahlungspflicht der Gemeindekrankenversicherung Kasberg nicht bestehen könne, zugleich erbot sich dieselbe, die irrthümlicherweise für ꝛc. Schneider perzipierten Krankenversicherungsbeiträge an die Ortskrankenkasse in Henfeld abzugeben.

Der Armenpflegschaftsrat Treufeld gab zunächst keine Antwort.

Der Vorstand der Ortskrankenkasse Henfeld schrieb jedoch am 24. August 1895 zurück, daß ꝛc. Schneider nicht zur Ortskrankenkasse Henfeld angemeldet war und auch nicht in Folge seiner Beschäftigung in Kasberg der Ortskrankenkasse in Henfeld anzugehören hatte. Diese Zuschrift wurde am gleichen Tage an die Verwaltung des Distriktskrankenhauses abgegeben. ꝛc. Schneider wurde nun vorerst im Distriktskrankenhause belassen.

Am 1. Oktober 1895 wurde der Genannte, welcher schon früher an Geisteskrankheit gelitten hatte, tobsüchtig und mußte da im Distriktskrankenhause zu Schorndorf genügenden und zweckentsprechende Einrichtungen für die Behandlung und Heilung von Tobsüchtigen nicht bestanden, noch an demselben Tage auf Veranlassung des Krankenhausarztes in die Kreisirrenanstalt in Fraustadt verbracht werden.

Dortselbst verblieb er bis zum 1. November 1895,

an welchem Tage er als gebessert in das Krankenhaus zu Schorndorf zurückgeliefert wurde, um dessen mit Eiterung verbundene Kniegelenkentzündung zur Heilung zu bringen.

Am 15. November 1895 wurde ꝛc. Schneider wieder von der Tobsucht befallen und deshalb an diesem Tage wieder aus dem gleichen Grunde, wie früher, in die genannte Kreisirrenanstalt transportiert.

Von dort wurde er am 1. Dezember 1895, nachdem die Tobsuchtanfälle verschwunden waren und in dieser Beziehung Heilung angenommen wurde, wieder an das Distriktskrankenhaus zurückgeliefert.

Von der Aufnahme des ꝛc. Schneider in die Kreisirrenanstalt wurde von keiner Seite an die Verwaltung der Gemeindekrankenversicherung Kasberg oder an den Armenpflegschaftsrat der Heimatgemeinde Treufeld Anzeige erstattet.

Am 15. Dezember 1895 wurde der Genannte auf sein Ansuchen aus dem Distriktskrankenhause entlassen, obwohl er noch nicht geheilt war, und begab sich derselbe zu seiner noch in Kasberg mit zwei Kindern in den dürftigsten Verhältnissen lebenden Ehefrau.

Am 16. Dezember 1895 ließ derselbe durch seine Ehefrau an die Verwaltung der Gemeindekrankenversicherung Kasberg Antrag auf Ausbezahlung des seiner Familie während seiner Verpflegung im Krankenhause und bezw. in der Kreisirrenanstalt gebührenden Krankengeldes stellen. Die genannte Verwaltung zahlte an die Schneider'sche Ehefrau im Hinblicke auf § 7 Abs. II. des Reichskrankenversicherungsgesetzes unter Zugrundelegung des für die Gemeinde Kasberg für erwachsene männliche Arbeiter festgesetzten ortsüblichen Taglohns von 1 Mark 80 Pfennig, ein Krankengeld im Betrage von 40 Mark 95 Pfennig, nämlich für die Zeit vom 20. August bis 19. November 1895 d. h. für 91 Tage gegen Quittung mit dem Bemerken aus, daß sie das Krankengeld mit Rücksicht auf

§ 57 a Abs. II. des Reichskrankenversicherungsgesetzes für die Ortskrankenkasse Henfeld nur vorschieße. Da letztere, welcher die Quittung über die fragliche Krankengeldleistung übermittelt wurde, Zahlung verweigerte, so übersendete die Verwaltung der Gemeindekrankenversicherung Kasberg die Quittung an die Distriktskrankenhausverwaltung in Schorndorf mit dem Ersuchen, diesen Vorschuß zugleich mit den Kur- und Verpflegskosten für ꝛc. Schneider zu liquidiren. Auch die Verwaltung der Kreisirrenanstalt Fraustadt übersendete die Liquidation über die Kosten des Aufenthaltes des ꝛc. Schneider, nämlich für 46 Tage à 2,20 Mark genehmigte Gebühr zu 101 Mark 20 Pfennig und zu 20 Mark für den zweimaligen Rücktransport des Genannten an die Distriktskrankenhausverwaltung in Schorndorf.

Letztere legte die erwähnten Liquidationen mit der Rechnung des Distriktskrankenhauses über die auf ärztliche Behandlung und Verpflegung des ꝛc. Schneider in demselben erwachsenen Kosten, welche sich für 71 Tage (20. August bis 1. Oktober, 1. November bis 15. November und 1. Dezember mit 15. Dezember 1895) bei einer tarifmäßigen Gebühr von 2 Mark per Tag auf 142 Mark und mit den Kosten des Transportes des ꝛc. Schneider ins Distriktskrankenhaus zu 3 Mark und den Kosten der beiden Transporte desselben in die Kreisirrenanstalt zu je 10 Mark auf 165 Mark im ganzen berechnen, dem K. Bezirksamte A. mit dem Antrage vor, die Heimatgemeinde Treufeld, beziehungsweise die etwa verpflichtete Krankenkasse zur Zahlung der liquidierten Kosten zu verurteilen.

II.

Das k. Bezirksamt A. pflog nun die gebotene Sachinstruktion und erholte insbesondere die Erklärung der Beteiligten.

Der Armenpflegschaftsrat Treufeld erklärte nach Mitteilung der bisherigen Verhandlungen auf Grund Beschlusses vom 20. Dezember 1895 an das K. Bezirksamt A., daß zwar die Heimat des ꝛc. Schneider in Treufeld anerkannt, im vorwürfigen Falle die Verpflichtung der Gemeinde Treufeld zur Zahlung der liquidierten Kosten aber verneint werde, da ꝛc. Schneider zur Zeit seiner Erkrankung entweder der Gemeindekranken-Versicherung Kasberg oder der Ortskrankenkasse Henfeld angehört habe, somit die Voraussetzungen für eine Krankenhilfeleistung seitens der Aufenthaltsgemeinde an ꝛc. Schneider, dessen Mittellosigkeit und Hilfsbedürftigkeit übrigens nicht bestritten werde, nicht gegeben gewesen seien. Nach anerkannten Rechtsgrundsätzen seien die Heimatgemeinden für solche Personen, welche auf Grund des Reichskrankenversicherungsgesetzes Anspruch auf Krankenhilfe haben, überhaupt nicht unterstützungspflichtig und zwar ohne Rücksicht darauf, wie lange die notwendige Krankenhilfe andauere.

Wenn aber im gegebenen Falle keine Verpflichtung zur Krankenhilfeleistung auf Grund des Reichskrankenversicherungsgesetzes bestanden haben sollte, so sei jedenfalls die Gemeinde Kasberg, in welcher ꝛc. Schneider in ständiger Arbeit stand, zur Gewährung der Krankenhilfe verpflichtet gewesen. Eine Ersatzpflicht der Heimatgemeinde könne aber aus dem Grunde nicht angenommen werden, weil der Unfall des ꝛc. Schneider und dessen Folgen von dem Oekonomen Fürst in Kasberg, bei welchem damals Schneider arbeitete, verschuldet gewesen seien, da der genannte Oekonom einen Platz zum Aufschichten der Säcke bestimmt habe, durch dessen Unebenheit bei den hervorstehenden spitzen Steinen das Umstürzen der hochaufgeschichteten Säcke und hiedurch das Herabfallen des ꝛc. Schneider verursacht worden sei. Der Landwirt Fürst habe daher eventuell für die aus dem Unfalle entstandenen Kosten aufzukommen.

In keinem Falle könne ein Anspruch gegen die Heimatgemeinde Treufeld wegen der in der Kreisirrenanstalt erwachsenen Kosten erfolgen, da hierüber keine Anzeige an den Armenpflegschaftsrat Treufeld erstattet worden sei, welche hier um so notwendiger gewesen, als hiedurch eine Vermehrung der Kurkosten veranlaßt worden sei. Insbesondere könne wegen der Transportkosten kein Ersatz beansprucht werden. Bei rechtzeitiger desfallsiger Anzeige hätte 2c. Schneider um 1 Mark 80 Pfennig per Tag im Distriktskrankenhause zu Treufeld, welches die Gemeinde Treufeld und die übrigen dem Distrikte B., Bez.-Amts A., angehörigen Gemeinden umfaßt und entsprechende Einrichtungen für die Behandlung Tobsüchtiger habe, verpflegt werden können.

Die Verwaltung der Gemeindekrankenversicherung Kasberg berichtete unterm 25. Dezember 1895 an das K. Bezirksamt A., daß für die Gemeindekrankenversicherung Kasberg eine Verpflichtung zur Krankenhilfeleistung an 2c. Schneider nicht bestanden habe, somit auch eine Ersatzpflicht für die liquidierten Kur- und Verpflegungskosten nicht anerkannt werden könne; 2c. Schneider sei nicht in Kasberg, sondern in Henfeld krankenversicherungspflichtig gewesen, welch' letzterer Ort als Gewerbebesitz des Arbeitgebers Kolb, dessen gewerbsmäßiger Betrieb unter die im § 5 a des Reichskrankenversicherungsgesetzes bezeichneten Gewerbebetriebe falle, zu betrachten wäre, in welchem Falle alle im Betriebe desselben beschäftigten Personen am Gewerbesitze des Arbeitgebers zu versichern seien; zugleich nahm die genannte Verwaltung auf ihr bereits bei den Akten befindliches Erbieten zur Rückzahlung der für 2c. Schneider gezahlten Krankenversicherungsbeiträge an die Ortskrankenkasse Henfeld Bezug, da die Annahme derselben seinerzeit nur irrtümlich erfolgt sei. Es wurde beantragt, die Ortskrankenkasse Henfeld als ersatzpflichtig zu erklären und insbesondere dieselbe auch anzuhalten, das gemäß § 57 a. Abs. II. l. c. vorgeschossene Krankengeld mit 40 Mark 95 Pfennig zurückzuerstatten. Nur eventuell wurde beigefügt, daß sich in allen Fällen gegen Uebernahme der bei der Kreisirrenanstalt erwachsenen Kosten, insbesondere der Transportkosten verwahrt werde, da die betreffende Geisteskrankheit mit derjenigen Verletzung, welche sich 2c. Schneider in Kasberg zugezogen, und wegen welcher die Aufnahme in das Distriktskrankenhaus erfolgte, in gar keinem Zusammenhange stehe.

Der Vorstand der Ortskrankenkasse Henfeld, welcher von den bisherigen Verhandlungen verständigt worden war, bestritt vor Allem die Zuständigkeit des K. Bezirksamts A. zur Entscheidung gegenüber der Ortskrankenkasse Henfeld, da die Aufsichtsbehörde über letztere nicht das k. Bezirksamt A., sondern der Stadtmagistrat Henfeld sei und es nicht angehe, wegen des Zusammenhanges der hier zur Geltung gebrachten Ausprüche die Kompetenz zu verrücken.

Eventuell wurde unter Bezugnahme auf die bereits früher abgegebene Erklärung hervorgehoben, daß eine Verpflichtung der Ortskrankenkasse Henfeld zur Bezahlung der liquidierten Kosten nicht anerkannt werde, weil 2c. Schneider nicht der Ortskrankenkasse Henfeld angehört habe. Abgesehen davon, daß derselbe zur Ortskrankenkasse nicht angemeldet war, kämen die Bestimmungen des § 5 a des Reichskrankenversicherungsgesetzes hier nicht zur Anwendung, da der Dampfdreschmaschinenbesitzer Kolb in Henfeld eine eigentliche Betriebsstätte nicht besitze, somit dessen Gewerbe nicht unter die im § 5 a bezeichneten Gewerbebetriebe zu rechnen sei. Schneider sei auch kein ständiger Arbeiter des Kolb gewesen, vielmehr von demselben nur zur Aushilfe in Kasberg angenommen worden, woselbst er auch mit Recht zur Gemeindekrankenversicherung angemeldet worden sei, wenn auch nicht bestritten werden wolle, daß 2c. Kolb den Schneider auch noch weiter beschäftigt haben würde, wenn derselbe sich nicht verletzt hätte. In diesem Falle wäre der Genannte nur in der Gemeinde, in welcher 2c. Kolb mit der Dreschmaschine arbeitete, welche Arbeit im Jahre 1895 allerdings bis Ende Dezember 1895 in noch 6 anderen Gemeinden betrieben worden sei, gegen Krankheit zu versichern gewesen.

Übrigens habe in allen Fällen eine freiwillige Versicherung des 2c. Schneider bei der Gemeindekrankenversicherung Kasberg bestanden, welche die Anmeldung desselben und die Krankenversicherungsbeiträge angenommen habe; den hieraus sich ergebenden Verpflichtungen könne sich diese Gemeindekrankenversicherung nicht mehr dadurch entziehen, daß die für Schneider bezahlten Krankenversicherungsbeiträge an die Ortskrankenkasse Henfeld herausbezahlt werden wollen.

Hienach habe auch die Gemeindekrankenversicherung Kasberg mit Recht das Krankengeld an die Ehefrau bezahlt und könne in dieser Beziehung keine Rückerstattung verlangt werden. Abgesehen von dem Allen sei Schneider zur Zeit seines Unfalles gar nicht in dem gewerbsmäßigen Betriebe des ꝛc. Kolb beschäftigt gewesen, derselbe habe damals eine landwirtschaftliche Arbeit im landwirtschaftlichen Betriebe des Oekonomen Fürst in Kasberg verrichtet, sei demnach landwirtschaftlicher Arbeiter gewesen, als ihn der Unfall betroffen; es müsse also die Aufenthaltsgemeinde Kasberg im Hinblicke auf § 10 des landwirtschaftlichen Unfall- und Krankenversicherungsgesetzes vom 5. Mai 1886 für die Kosten des Heilverfahrens aufkommen. In keinem Falle könne wegen der bei der Kreisirrenanstalt in Fraustadt erwachsenen Kosten ein Anspruch gegen die Ortskrankenkasse Henfeld erhoben werden, da die Geisteskrankheit des ꝛc. Schneider mit der Verletzung, welche dessen Aufnahme in das Distriktskrankenhaus veranlaßte, in keinem Zusammenhange gestanden sei. Die Unterbringung des Genannten in der Kreisirrenanstalt Fraustadt wäre zudem ohne Zustimmung der Ortskrankenkasse Henfeld, welche für ihre Mitglieder die Krankenhilfeleistung gemäß § 24 der genehmigten Statuten in denjenigen Fällen, in welchen Krankenhausbehandlung einzutreten hat, in dem auch für die Heilung von Geisteskranken eingerichteten städtischen Krankenhause zu Henfeld gewähre, und ohne Genehmigung der Gemeindekrankenversicherung Kasberg erfolgt. Hiebei wurde noch bemerkt, daß für die Kosten des Transportes des Schneider in das Distriktskrankenhaus, wie in die Kreisirrenanstalt ein Ersatz überhaupt nicht beansprucht werden könne.

Eventuell werde für etwa der Ortskrankenkasse Henfeld zufallende Kosten der Dampfdreschmaschinenbesitzer Kolb als ersatzpflichtig in Anspruch genommen, welcher in schuldhafter

Weise versäumt habe, den ꝛc. Schneider zur Ortskrankenkasse Henfeld anzumelden.

Die Verwaltung der Gemeindekrankenversicherung Kasberg erklärte auf diese ihr mitgeteilten Aufstellungen des Vorstandes der Ortskrankenkasse Henfeld, daß ꝛc. Schneider von dem Dampfdreschmaschinenbesitzer Kolb als ständiger Arbeiter für dessen Gewerbebetrieb, welcher zweifelsohne unter § 5 a des Reichskrankenversicherungsgesetzes falle, angenommen und in demselben beschäftigt gewesen, daher am Gewerbesitze des ꝛc. Kolb in Henfeld krankenversicherungspflichtig gewesen und hiemit Mitglied der dortigen Ortskrankenkasse geworden sei. An dieser Annahme werde dadurch nichts geändert, daß Schneider vorübergehend und aushilfsweise von dem Oekonomen Fürst in Kasberg zum Säckeaufschichten u. s. w. verwendet worden sei.

Von einer freiwilligen Versicherung des ꝛc. Schneider bei der Gemeindekrankenversicherung Kasberg könne keine Rede sein, weil es zweifelhaft sei, ob nach bayerischem Gesetze eine solche bei der Nichtanwendbarkeit des § 4 Abs. II. des Reichskrankenversicherungsgesetzes in Bayern zulässig erscheine, übrigens Schneider auch zu den im § 4 Abs. II. l. c. bezeichneten Personen gerechnet werden könne. Zudem habe derselbe keinen Antrag wegen Aufnahme in die Gemeindekrankenversicherung Kasberg gestellt, wie auch die Verwaltung der letzteren hiewegen keinen Beschluß gefaßt hätte. Durch eine Bezahlung der Krankenversicherungsbeiträge, welche hier durch den Arbeitgeber Kolb erfolgt sei, an eine andere, als die gesetzliche Krankenversicherungskasse, könne das Recht des Versicherten, welches auf Grund des Gesetzes bestehe, nicht alteriert werden.

Der Armenpflegschaftsrat der Gemeinde Kasberg, welcher wegen Inanspruchnahme der Dienstgemeinde Kasberg gehört wurde, erklärte, daß eine Verpflichtung der Arbeitsgemeinde nicht bestehen könne, weil Schneider nur vorübergehend in Kasberg beschäftigt gewesen sei, somit von einer ständigen Arbeit in der Gemeinde Kasberg nicht gesprochen werden könne, zudem werde angenommen werden müssen, daß derselbe in Henfeld krankenversicherungspflichtig war.

Die Gemeindeverwaltung Kasberg als Vertreterin der Beschäftigungsgemeinde Kasberg bemerkte, daß Schneider kein landwirtschaftlicher, sondern ein gewerblicher Arbeiter war, welcher der Ortskrankenkasse Henfeld angehörte, wodurch die Anwendbarkeit des § 10 des land- und forstwirtschaftlichen Unfallversicherungsgesetzes von selbst ausgeschlossen sei.

Der Oekonom Johann Fürst in Kasberg bestritt, daß ihm eine Haftung für den Unfall des Schneider und die Folgen desselben beigemessen werden könne, da ihn wegen der Bestimmung des Platzes für das Aufschichten der Säcke kein Verschulden treffen könne, dieser Platz sei nämlich vollständig für den in Aussicht genommenen Zweck tauglich gewesen.

Der Dampfdreschmaschinenbesitzer Kolb erklärte, daß er allerdings beabsichtigt habe, den Schneider auch für seinen weiteren Gewerbebetrieb im Jahre 1895 als Einleger auf der Maschine zu benützen, und derselbe daher auf unbestimmte Zeit als Arbeiter angenommen worden sei. Er habe aber nicht schuldhafter Weise unterlassen, denselben zur Ortskrankenkasse Henfeld anzumelden, sondern ihn deshalb bei der Gemeindekrankenversicherung Kasberg angemeldet, weil er den Schneider außerhalb seines Gewerbesitzes als Arbeiter aufgenommen habe.

Ein Regreß der Ortskrankenkasse Henfeld könne gegen ihn nicht geltend gemacht werden, weil er sich in entschuldbarer Weise in thatsächlichen Verhältnissen geirrt habe. Nach dem zu den Akten erholten Gutachten des Distriktskrankenhausarztes in Schorndorf war Schneider vom 20. August bis 1. Dezember 1895 nicht transportfähig, — die Ueberführung desselben in die Kreisirrenanstalt war nur unter besonderen Vorsichtsmaßregeln möglich — die eingetretenen Tobsuchtsanfälle durch die Erkrankung desselben in Folge der erlittenen Verletzung hervorgerufen, beziehungsweise mit dieser Erkrankung im Zusammenhange stehend, die wiederholte Verbringung desselben in die Kreisirrenanstalt Fraustadt war notwendig, weil das Distriktskrankenhaus Schorndorf für die Behandlung solcher Krankheitsfälle nicht eingerichtet ist; zugleich bemerkte der Krankenhausarzt, daß auch das Distriktskrankenhaus zu Treufeld, wie er aus eigener Wahrnehmung wisse, nicht entsprechende Einrichtungen für die Behandlung Tobsüchtiger habe.

Aus den Akten geht noch hervor, daß die Vorschriften des § 1 des Reichskrankenversicherungsgesetzes auf die im § 2 Abs. I. Ziff. 1 l. c. bezeichneten Personen in der Gemeinde Kasberg statutarisch nicht erstreckt worden waren und daß der ortsübliche Taglohn für erwachsene männliche Arbeiter in Kasberg von der K. Regierung in Z. auf 1 Mark 80 Pfennig festgesetzt ist. Der durchschnittliche Taglohn für erwachsene männliche Kassenmitglieder ist in den genehmigten Statuten der Ortskrankenkasse Henfeld auf 1 Mark 80 Pfennig festgestellt. Die letztere gewährt nach den Statuten die Krankenunterstützung an ihre Mitglieder nach Maßgabe der §§ 6 und 7 des Reichskrankenversicherungsgesetzes. Gegen die Höhe der liquidierten Kosten wurde von keiner Seite eine Erinnerung erhoben.

III.

Das K. Bezirksamt A. beschloß hierauf unterm 1. Januar 1896: I. die Beschäftigungsgemeinde Kasberg ist schuldig, an die Distriktskrankenhausverwaltung Schorndorf von den auf ärztliche Behandlung und Verpflegung des Taglöhners Johann Schneider von Treufeld im Distriktskrankenhause Schorndorf und in der Kreisirrenstalt Fraustadt erwachsenen Kosten den Betrag von 189 Mark, nämlich für die Zeit vom 20. August bis 1. Oktober 1895 und vom 1. November bis 15. November 1895 im Distriktskrankenhause, und für die Zeit vom 1. Oktober bis 1. November 1895 und vom 15. bis 19. November 1895 in der Kreisirrenanstalt, sowie 33 Mark an Transportkosten in Summa 222 Mark zu bezahlen.

II. Die Gemeinde Treufeld hat die auf die Unterbringung des Johann Schneider von Treufeld in der Kreisirrenanstalt Fraustadt für die Zeit vom 19. November bis 1. Dezember 1895 erwachsenen Kosten mit 24 Mark 20 Pfennig und 10 Mark Transportkosten, ferner die auf die ärztliche Behandlung und Verpflegung desselben im Distriktskrankenhause Schorndorf für die Zeit vom 1. Dezember bis 15. Dezember 1895 erwachsenen Kosten mit 30 Mark, im ganzen 64 Mark 20 Pfennig an die Distriktskrankenhausverwaltung Schorndorf zu bezahlen.

III. Der Anspruch der Gemeindekrankenversicherung Kasberg auf Rückerstattung von 40 Mark 95 Pfennig Krankengeld durch die Ortskrankenkasse Henfeld wird abgewiesen.

IV. Die Kosten des Verfahrens hat mit $^{9}/_{10}$ die Gemeinde Kasberg mit $^{1}/_{10}$ die Gemeinde Treufeld zu tragen.

V. Das Verfahren ist gebührenfrei.

Dieser Beschluß ist in folgender Weise begründet:

Wegen der Zuständigkeit des K. Bezirksamts wurde auf Art. 43 des Armengesetzes vom 29. April 1869, § 58 Abs. II des Reichskrankenversicherungsgesetzes vom $\frac{\text{15. Juni 1883}}{\text{10. April 1892}}$, Art. 4 Abs. II des bayer. Ausführungsgesetzes vom 26. Mai 1892, § 4 Abs. II der Kgl. Allerhöchsten Verordnung vom 8. Juni 1892 „den Vollzug der §§ 44 und 84 des Reichskrankenversicherungsgesetzes betr.“ und bezw. auf § 12 des land- und forstwirtschaftlichen Unfallversicherungsgesetzes vom 5. Mai 1886 und Art. 23 des bayer. Ausführungsgesetzes hiezu vom 5. April 1888 verwiesen. Hiebei wurde hervorgehoben, daß die Zuständigkeit des K. Bezirksamts A. auch gegenüber der Ortskrankenkasse Henfeld gegeben, wenn auch der Stadtmagistrat Henfeld die Aufsichtsbehörde sei, weil die hier zusammenhängenden Sachen nicht getrennt werden können, die Würdigung des Anspruches gegen die Ortskrankenkasse Henfeld präjudiziell für die übrigen Ansprüche sein könne und das K. Bezirksamt A. als Distriktsverwaltungsbehörde auch Aufsichtsbehörde über Ortskrankenkassen, somit dessen sachliche Kompetenz im allgemeinen gegeben sei. Die Distriktskrankenhausverwaltung Schorndorf habe hier Krankenhilfe auf Veranlassung der Aufenthaltsgemeinde Kasberg geleistet, welche mit Rücksicht auf die Tobsuchtsanfälle des zc. Schneider auch zeitweise in der Kreisirrenanstalt Fraustadt gewährt werden mußte.

Da letztere nur eine Fortsetzung der von der Aufenthaltsgemeinde eingeleiteten Krankenhilfe sei, so erscheine die Distriktskrankenhausverwaltung Schorndorf befugt, die sämtlichen in dieser Beziehung erwachsenen Kosten zu liquidieren und den Ersatz derselben zu fordern. Die armengesetzlichen Voraussetzungen für die fragliche Krankenhilfeleistung seien von keiner Seite bestritten; Streit bestehe nur darüber, welche Gemeinde, beziehungsweise Krankenversicherungskasse zur Bezahlung der liquidierten Beträge verpflichtet sei.

Es frage sich vor Allem, ob zc. Schneider zur Zeit des Unfalles landwirtschaftlicher oder gewerblicher Arbeiter gewesen. zc. Schneider verunglückte am 20. August 1895 beim Zubinden und Aufschichten der Getreidesäcke, somit bei einer landwirtschaftlichen Arbeit im landwirtschaftlichen Betriebe des Johann Fürst in Kasberg.

Der fragliche Unfall habe also einen landwirtschaftlichen Arbeiter betroffen. Nach § 10 des land- und forstwirtschaftlichen Unfallversicherungsgesetzes vom 5. Mai 1886 habe bei dem Unfalle eines landwirtschaftichen Arbeiters die Gemeinde, in deren Bezirk der Verletzte z. Zt. des Unfalles beschäftigt war, demselben die Kosten des Heilverfahrens in dem im § 6 Abs. 1 Ziff. 1 des Reichskrankenversicherungsgesetzes bezeichneten Umfange zu gewähren, insoweit nicht der Verletzte auf Grund landesgesetzlicher Bestimmungen oder auf Grund der Krankenversicherung Anspruch auf eine gleiche Fürsorge habe.

Dieser Ausnahmefall sei hier nicht gegeben; denn ein Anspruch des zc. Schneider auf Grund des Reichskrankenversicherungsgesetzes bestehe nicht, weil einesteils in Kasberg die Krankenversicherungspflicht auf landwirtschaftliche Arbeiter statutarisch nicht erstreckt sei und weil andernteils der Genannte mit Rücksicht auf seine Beschäftigung als landwirtschaftlicher Arbeiter am 20. August 1895 der Ortskrankenkasse Henfeld nicht angehört habe, abgesehen davon, daß ꝛc. Schneider, welcher außerhalb des Gewerbesitzes des ꝛc. Kolb als Arbeiter angenommen wurde, schon aus diesem Grunde in Henfeld nicht krankenversicherungspflichtig sein konnte.

Aber auch auf Grund des Armengesetzes hätte ꝛc. Schneider kein Recht auf Krankenhilfe in Kasberg gehabt, weil er dort in keiner ständigen Arbeit stand, auch von dem Oekonomen Fürst als Arbeiter bei der Geimeindebehörde nicht angemeldet war.

Hieraus ergebe sich, daß die Beschäftigungsgemeinde Kasberg, — welche hier mit der auf Grund des Armengesetzes die Aufnahme in das Distriktskrankenhaus Schorndorf veranlassenden Aufenthaltsgemeinde nicht identifiziert werden könne, weil es sich hier um keine Armenhilfe handle —, verpflichtet sei, die Kosten des Heilverfahrens nach Maßgabe des § 6 Abs. I Ziff. 1 des Reichskrankenversicherungsgesetzes zu gewähren. Diese Kosten berechnen sich für 91tägige ärztliche Behandlung und Verpflegung des ꝛc. Schneider und zwar für 56 Tage im Distriktskrankenhause auf 112 Mark und für 35 Tage in der Kreisirrenanstalt auf 77 Mark in Summa auf 189 Mark. Kur- und Verpflegungskosten, wozu noch 33 Mark Transportkosten (nämlich für die Verbringung des ꝛc. Schneider in das Distriktskrankenhaus und den zweimaligen Transport in die Kreisirrenanstalt und einmaligen Rücktransport) kämen, so daß die Gesamtkosten, welche von der Beschäftigungsgemeinde Kasberg zu ersetzen seien, 222 Mark betragen.

Der hienach nicht gedeckte Rest der Kosten mit 64 Mark 20 Pfennig, nämlich für weitere 11 Verpflegstage in der Kreisirrenanstalt und weitere 15 Verpflegstage im Distriktskrankenhause mit 10 Mark Transportkosten, falle der Heimatgemeinde Treufeld zur Last, welche auch rechtzeitig von der

Aufnahme des ꝛc. Schneider in das Distriktskrankenhaus verständigt worden sei. Eine nochmalige Anzeige bei der Unterbrechung der Behandlung im Distriktskrankenhause durch die Verbringung des Schneider in die Kreisirrenanstalt wäre nicht geboten gewesen, da hiedurch keine nachteilige Aenderung in der Behandlung des Schneider entstanden und auch nur geringfügige Mehrkosten erwachsen seien. Hiebei wurde bemerkt, daß die Kosten für den Transport des Schneider in das Distriktskrankenhaus und in die Kreisirrenanstalt als Kosten zur Erreichung des Heilzweckes zu betrachten und daher mitzuerstatten seien.

Nachdem eine Krankenversicherungspflicht des Schneider in Henfeld nicht angenommen werden könne, müßte der Anspruch der Gemeindekrankenversicherung Kasberg auf Rückerstattung des an die Schneider'sche Ehefrau vorgeschossenen Krankengeldes von 40 Mark 95 Pfennig durch die Ortskrankenkasse Henfeld zurückgewiesen werden. Bei dieser Sachlage komme auch die Frage des Regresses gegenüber dem Dampfdreschmaschinenbesitzer Kolb wegen nicht erfolgter Anmeldung des ꝛc. Schneider zur Ortskrankenkasse Henfeld nicht in Betracht, während die Frage der etwaigen Haftung des Oekonomen Johann Fürst nicht von den Verwaltungsbehörden, sondern von den Gerichten zu entscheiden sei.

Bezüglich der Entscheidung im Kostenpunkte wurde auf § 88 der Reichscivilprozeßordnung, wegen des Ausspruches über die Gebühren auf Art. 3 Ziff. 3 des Gebührengesetzes Bezug genommen.

Gegen diesen am 10. Januar 1896 der Gemeindeverwaltung Kasberg für die Beschäftigungsgemeinde und die dortige Gemeindekrankenversicherung in zwei Ausfertigungen, am 11. Januar 1896 dem Armenpflegschaftsrate Treufeld, dem Vorstande der Ortskrankenkasse Henfeld, der Distriktskrankenhausverwaltung Schorndorf, dem Dampfdreschmaschinenbesitzer Kolb und dem Oekonomen Johann Fürst in je 1 Ausfertigung zugestellten bezirksamtlichen Beschluß erhoben mit Eingabe vom 1. Februar 1896, präs. bei dem K.

Bezirksamte A. am 2. Februar 1896 die Gemeindeverwaltung Kasberg Namens der Beschäftigungsgemeinde Kasberg und der dortigen Gemeindekrankenversicherung, und mit Eingabe vom 28. Januar 1896, präs. am 2. Februar 1896 bei dem K. Bezirksamte A, der Armenpflegschaftsrat Treufeld Beschwerden zur K. Regierung, Kammer des Innern, in Z.

Die Gemeindeverwaltung Kasberg brachte zur Begründung der beiden Beschwerden vor, daß, wie bereits früher angegeben, Schneider zur Zeit seines Unfalles nicht ein landwirtschaftlicher, sondern ein im Gewerbebetriebe des Dampfdreschmaschinenbesitzers Kolb beschäftigter gewerblicher Arbeiter gewesen sei, welcher nur aushilfsweise an einem Tage zu einer landwirtschaftlichen Arbeit verwendet wurde, diese vorübergehende Beschäftigung könne an dessen Qualifikation als gewerblicher Arbeiter nichts ändern.

Hienach ergebe sich zweifellos die Versicherungspflicht des Genannten am Gewerbesitze des Kolb, an welchem alle in dessen Betriebe beschäftigten Arbeiter zu versichern seien, und seine Zugehörigkeit zur Ortskrankenkasse Henfeld.

Demgemäß könne § 10 des land- und forstwirtschaftlichen Unfallversicherungsgesetzes nicht angewendet werden, wobei übrigens bemerkt wurde, daß auch in diesem Falle keine Verpflichtung der Beschäftigungsgemeinde zur Bezahlung der Verpflegskosten bestehen würde. Es wurde die Abänderung des angefochtenen bezirksamtlichen Beschlusses unter Annahme der Zugehörigkeit des ꝛc. Schneider zur Ortskrankenkasse Henfeld und hienach Entscheidung nach Lage der Sache beantragt.

Der Armenpflegschaftsrat Treufeld bezog sich zur Begründung der Beschwerde auf sein früheres Vorbringen mit dem Antrage, den Anspruch der Distriktskrankenhausverwaltung Schorndorf, soweit derselbe gegen die Heimatgemeinde Treufeld gerichtet werden will, abzuweisen.

Abschriften der Beschwerden wurden den sämtlichen Beteiligten mitgeteilt; nur der Vorstand der Ortskrankenkasse Henfeld gab eine Gegenerklärung ab, in welcher die früheren Angaben aufrecht erhalten und nur noch hervorgehoben wird, daß die Berufung des Armenpflegschaftsrats Treufeld, weil nach Ablauf der 14tägigen Berufungsfrist erhoben, verspätet sei.

Aus Anlaß der Beschwerde der Gemeindeverwaltung Kasberg wurde durch die K. Regierung noch erhoben, daß für ärztliche Behandlung des ꝛc. Schneider und Gewährung der Heilmittel im Distiktskrankenhause Schorndorf, wie in der Kreisirrenanstalt Fraustadt per Tag der Betrag von 1 Mark bei dem tarifmäßigen Verpflegssatze von 2 Mark und beziehungsweise 2 Mark 20 Pfennig in Anschlag zu bringen sei.

Aufgabe.

Die Entscheidung der II. Instanz ist mit Tenor und Gründen unter Aufführung aller einschlägigen gesetzlichen Bestimmungen zu entwerfen.

Die Ausarbeitung eines Sachverhaltes ist erlassen, als solcher gilt die obige Darstellung.

Spezielle Aufgaben

für die

Rechtspraktikanten

in der

Pfalz.

1896.

Aufgabe

aus dem

Pfälzischen bürgerlichen Rechte.

Der Ackerer Karl Kegel in Kontwig kaufte am 4. Januar 1896 von dem Ackerer Philipp Schall in Dellfeld in dem Stalle des letzteren einen Zugochsen um den Kaufpreis von 500 Mark, wobei unterstellt wurde, daß er den Ochsen in seinem landwirtschaftlichen Betriebe verwenden werde. Mit Gerichtsvollziehersakt vom 10. desselben Monats ließ der Käufer Kegel den Verkäufer Schall zur Ablieferung des Ochsen binnen 3 Tagen auffordern. Am 15. des nämlichen Monats wurde dem Käufer Kegel, nachdem er an diesem Tage noch einmal persönlich die Ueberlieferung verlangt und gleichzeitig erklärt hatte, daß er auf Ersatz der Kosten des Gerichtsvollziehersaktes verzichte und am folgenden Tage den Kaufpreis bezahlen werde, der Ochs übergeben.

Käufer Kegel hielt aber nicht Wort und hatte am 2. Februar 1896 noch nicht bezahlt, so daß der Verkäufer Schall ängstlich wurde. Als letzterer nun an diesem Tage auf dem Wege vom Bahnhof zu seinem höher gelegenen Anwesen mit einer mit Steinkohlen beladenen Ochsenfuhre an Kegels Haus vorbeifuhr, ersuchte er diesen, ihm den fraglichen Ochsen als Vorspann für diese Fahrt zu leihen. Kegel, welcher von der Annahme ausging, daß ihm der Ochs sofort nach der Fahrt wieder zurückgebracht werde, entsprach jener Bitte. Schall gab aber den Ochsen, obwohl er von Kegel wiederholt darum angegangen war, nicht mehr zurück, weil er hoffte, auf diese Weise den Kegel eher zur Zahlung des Kaufpreises zu bewegen. Allein dies half nichts, weshalb Schall am 12. Februar 1896 gegen Kegel Klage auf Bezahlung des Kaufpreises von 500 Mark mit Zinsen zu 5 Prozent von 4. Januar 1896 an erhob. Das Zinsbegehren wurde insbesondere damit begründet, daß der Ochs seiner Natur und seinem Zwecke nach dem Besitzer nutzbringend sei, daher Einkünfte gewähre. Schall erklärte zugleich, daß er jederzeit bereit sei, gegen Bezahlung des Kaufpreises und zwar Zug um Zug den Ochsen herauszugeben, da er nach dem Kaufvertrag nicht verpflichtet sei, vorzuleisten. Im Laufe des Rechtsstreits bemerkte er, daß er allerdings aus Gefälligkeit dem Kegel auf dessen Bitte den Ochsen am 15. Januar 1896 ohne auf Zahlung des Kaufpreises zu bestehen übergeben hätte, daß er aber, nachdem er wieder in den Besitz des Ochsen gekommen sei, nur das rückgängig gemacht, was er über seine Vertragspflicht hinausgeleistet und somit den ursprünglichen Vertragsstandpunkt wieder hergestellt habe.

Beklagter Kegel bestritt die Klage, welcher er zunächst die auf den Rechtsgrundsatz „spoliatus ante omnia restituendus" gestützte Unzulässigkeitseinrede entgegensetzte. Im weiteren wendete er gegen die Klage ein, daß Kläger die Rechtslage völlig verkenne, wenn er davon ausgehe, daß er nicht vorzuleisten habe, denn indem er sich am 15. Januar 1896 auf die Bitte des Beklagten zur Vorleistung bestimmen gelassen habe, sei in dieser Richtung eine Änderung der Vertragspflichten eingetreten. Stehe dies aber fest, so habe Kläger als Verkäufer dem Beklagten als dem Käufer Gewähr für ruhigen Besitz zu leisten, welche Gewährleistungspflicht dadurch, daß er den entliehenen Ochsen nicht mehr herausgebe, von ihm selbst und zwar nach der Uebergabe des Ochsen verletzt worden sei. Der Klage stehe daher die Einrede entgegen: „quem de evictione tenet actio, eundem agentem repellit exceptio.“ Eventuell sei jedenfalls das Zinsbegehren nicht gerechtfertigt, da ganz abgesehen davon, daß Kläger vor der Uebergabe und seitdem er den Ochsen geliehen gehabt, selbst im Besitze des Ochsen gewesen, in der übrigen Zeit wegen der damals herrschenden Kälte alle landwirtschaftlichen Arbeiten geruht hätten.

Gleichzeitig erhob der Beklagte Widerklage auf Auflösung des Kaufvertrags, weil Schall seine Vorleistungs- und seine Gewährleistungspflicht nicht erfüllt habe.

Schall beantragte Abweisung der Widerklage, weil Widerkläger Kegel aus dem thatsächlichen Vorgange, daß er auf dessen Bitte am 15. Januar 1896 den Ochsen übergab, unrichtige rechtliche Schlüsse ziehe. —

Die beiderseitigen thatsächlichen Aufstellungen sind unwidersprochen geblieben, wie auch die Widerklage prozessualisch in keiner Weise beanstandet wird.

1) Es ist nun unter entsprechender Begründung auszuführen, ob die Spolieneinrede begründet ist.

2) Einerlei wie die Entscheidung über diese Einrede ausfällt, ist weiter auszuführen, welche materiell rechtlichen Gesichtspunkte für die Haupt- und Widerklage maßgebend sind, und wie über dieselben, abgesehen von der Spolieneinrede, zu entscheiden ist.

Praktischer Fall
aus dem Justizfache.

Aus nachstehenden Schriftsätzen, denen das Sitzungsprotokoll beigefügt ist, ist ein landgerichtliches Urteil in der Form einer Ausfertigung mit allen vom Gesetze vorgeschriebenen inneren und äußeren Erfordernissen sowie mit einer dem Gesetze entsprechenden Entscheidung abzufassen.

Zur Zivilkammer des K. Landgerichts Zweibrücken

Klageschrift

für

Johanna Stauf, ledig und ohne Gewerbe in Jxheim wohnhaft, Klägerin durch den unterzeichneten Rechtsanwalt Streit vertreten

gegen

1) Dorothea Flachs, ohne Gewerbe in Kontwig wohnhaft, Witwe des allda verlebten Kaufmanns Franz Nebel, 2) Maria Nebel und 3) Jakob Nebel, beide minderjährige Kinder der obengenannten gewesenen Eheleute Franz Nebel und Dorothea Flachs, vertreten durch ihre genannte Mutter als ihre gesetzliche Vormünderin und bei derselben wohnhaft, Beklagte

wegen Forderung und Ausantwortung eines Erbteils.
Streitwert 1688 Mark 88 Pfennig.

Zwischen Franz Nebel, Kaufmann in Kontwig und der Klägerin wurde am 20. Januar 1874 vor Notar Guth in Zweibrücken ein Akt errichtet, in welchem Franz Nebel wörtlich erklärt: „Er habe mit der Johanna Stauf ein Liebesverhältnis unterhalten, welches zwar ohne seine Schuld nicht zu der ursprünglich in Aussicht genommenen Ehe, aber in Folge des während der Verlobungszeit gepflogenen Geschlechtsverkehrs dazu geführt hätte, daß letztere schwanger geworden sei und in etwa 3 bis 4 Monaten niederkomme. Er erachte es daher für eine Pflicht der Ehre und des Gewissens, der Johanna Stauf einen Beitrag zu den Kosten der Unterhaltung und Erziehung des zu erwartenden Kindes zu leisten. Demgemäß verspreche er, derselben einen jährlichen Beitrag von 100 Mark in vierteljährlichen, vom Tage der Geburt des Kindes zu berechnenden, am Ende eines jeden Vierteljahres fälligen Terminen bis zum vollendeten ein und zwanzigsten Lebensjahre des Kindes zu bezahlen und behalte sich vor, dem Kinde bei erreichter Volljährigkeit einen entsprechenden Betrag für dessen Ausstattung zu behändigen." Dieses Versprechen nahm Johanna Stauf gleichzeitig an.

Aus diesem Akte geht zweifellos hervor, daß Nebel sich als der Vater des zu erwartenden Kindes bekannte und daß er aus diesem Grunde der Klägerin Alimentationsbeiträge versprochen hat.

Am 30. April 1874 gebar die Klägerin in Ixheim einen Knaben, der den Vornamen Gottfried erhielt und am 5. Mai 1874 vor dem Standesamt daselbst von ihr anerkannt worden ist.

Nebel, der sich am 1. April 1874 ohne vorherige Errichtung eines Ehevertrags mit seiner heutigen Witwe verheiratete, entrichtete mehrere Jahre lang die versprochenen Alimentationsbeiträge, allein mit den nach dem 30. April 1888 fällig gewordenen Beiträgen blieb er im Rückstande und stellte auf briefliche Mahnung der Klägerin am 31. Oktober 1890 ein „Schuldenbekenntnis“ überschriebenes Schriftstück folgenden Inhalts aus: „Ich bestätige, daß ich der Johanna Stauf in Ixheim für rückständige Alimentationsbeiträge den Betrag von 250 Mark schuldig geworden bin. Durch Gegenwärtiges verspreche ich, diesen Kapitalbetrag von zweihundert und fünfzig Mark auf erstes Begehren herauszuzahlen, bis dahin aber alljährlich am 1. November und zwar vom 1. November 1890 an zu fünf Prozent zu verzinsen. Gut für zweihundert und fünfzig Mark.“ Folgt Unterschrift des Nebel.

Trotz mehrfacher brieflicher Mahnungen durch Klägerin bezahlte Nebel keine Zinsen und von den in der Folge fällig gewordenen Alimentationsbeiträgen nur noch den Jahresbeitrag vom 30. Oktober 1890 bis zum 30. April 1891, so daß er bis zum 30. April 1895 an solchen Beiträgen weitere 350 Mark schuldig geworden ist.

Am 30. Juni 1895 ist Franz Nebel mit Hinterlassung seiner Frau und der zwei mitbeklagten Kinder gestorben, nachdem er seiner Frau testamentarisch seinen Anteil an der Mobiliareinrichtung im Werte von 500 Mark vermacht hatte. Am 15. August 1895 folgte ihm Gottfried Stauf im Tode nach, seine Mutter als einzige Erbfolgerin hinterlassend, welche sich der Vorsicht halber in dessen Nachlaß einweisen ließ. Am 1. Oktober 1895 hat die Witwe Nebel laut Akt des K. Notar Feder in Zweibrücken mit ihren Kindern abgeteilt, wobei sich eine reine Gütergemeinschaftsmasse von 18925 Mark bestehend aus dreiprozentigen Wertpapieren im Nominal- und Curswerte von 18000 Mark, weiter verzinslich vom 1. Oktober 1895 an und 925 Mark in barem Gelde ergab, wovon die Witwe Nebel und die beiden ehelichen Kinder als Erben ihres Vaters je die Hälfte erhielten, welche Hälfte der Kinder auch ausschließlich den väterlichen Nachlaß bildete. Die Ansprüche, welche die Klägerin in eigenem Namen und als Erbfolgerin ihres Sohnes zu machen hatte, wurden bei der Teilung, zu der sie nicht gerufen wurde, nicht berücksichtigt, obwohl damals schon die bis in die neueste Zeit fortgesetzten Unterhandlungen mit den Beklagten begonnen hatten, welch letztere aber in keiner Richtung die Ansprüche der Klägerin anerkennen wollten. Klägerin ist daher zur Klage genötigt. Sie erkennt die Aufstellung der Massen in der Teilung im allgemeinen an und da hienach die Teilungskosten sofort vollständig liquid gestellt werden können, so ist eine weitere, die Ansprüche der Klägerin berücksichtigende Teilung vor Notar nicht mehr nötig.

Aus diesen Gründen

gefalle es dem K. Landgerichte

1. festzustellen, daß die Gütergemeinschaft, welche zwischen dem Erblasser und seiner hinterbliebenen Witwe der Mitbeklagten Dorothea Flachs bestanden hat, mit der Forderung der Klägerin, welche sich auf das Schuldbekenntnis des Erblassers vom 31. Oktober 1890 und auf weitere rückständige Alimentationsbeiträge gründet, im Gesamtbeitrage von sechshundert Mark mit Zinsen von 250 Mark vom November 1890 bis zum Tage der Klage im Betrage von 75 Mark belastet ist und daß demnach die reine Gütergemeinschaftsmasse auf 18250 Mk. und der Nachlaß des Erblassers auf 9135 Mark sich belaufen,
2. die Beklagte Witwe Nebel zur Hälfte und die mit-

beklagten Kinder zur anderen Hälfte zu verurteilen, an Klägerin den Betrag von 675 Mark nebst weiteren Zinsen vom Tage der Klage an herauszubezahlen.

3. Festzustellen, daß der verlebte Sohn der Klägerin, Gottfried Stauf, als anerkannter natürlicher Sohn des Erblassers in dessen Nachlaß erbfolgeberechtigt ist, demgemäß die mitbeklagten Kinder Nebel zu verurteilen, an die Klägerin als Erbfolgerin ihres Sohnes dessen Anspruch an die Erbmasse seines natürlichen Vaters, des Erblassers, mit Eintausend und dreizehn Mark 88 Pfennig subsidiarisch den höheren Betrag, der sich etwa nach der Entscheidung zu Ziffer I ergeben sollte, nebst Zinsen aus 1000 Mark zu 3 Prozent vom 1. Oktober 1895 an und vom Reste zu 5 Prozent vom Tage der Klage an zu bezahlen,
4. den Beklagten die Kosten zur Last zu legen.

Zweibrücken, den 28. Oktober 1896.

Der Prozeßbevollmächtigte der Klägerin
Streit,
Rechtsanwalt.

Zur mündlichen Verhandlung wird die Sitzung der Zivilkammer des K. Landgerichts Zweibrücken vom 1. Dezember 1896 vormittags 9 Uhr bestimmt.

Zweibrücken, den 29. Oktober 1896.

Der Vorsitzende der Zivilkammer des K. Landgerichts
Groß,
Kgl. Landgerichtspräsident.

Bemerkung: Die Klageschrift mit Vorladung der Beklagten und mit der Aufforderung einen am Prozeßgerichte zugelassenen Anwalt zu bestellen, wurde den Beklagten laut Akts des Gerichtsvollziehers Fuchs in Zweibrücken vom 30. Oktober 1896 und Postzustellungsurkunde vom 31. Oktober 1896 gehörig zugestellt.

Klagebeantwortung

für

1. Dorothea Flachs, ohne Gewerbe in Kontwig wohnhaft, Witwe des allda verlebten Kaufmannes Franz Nebel, 2) Maria Nebel und 3) Jokab Nebel, beide minderjährige Kinder der obengenannten gewesenen Eheleute Franz Nebel und Dorothea Flachs, vertreten durch ihre genannte Mutter als ihre gesetzliche Vormünderin und bei derselben wohnhaft, Beklagte, durch den unterzeichneten Rechtsanwalt vertreten

gegen

Johanna Stauf, ledig und ohne Gewerbe in Ixheim wohnhaft, Klägerin durch Rechtsanwalt Streit vertreten.

Zunächst wird bestritten, daß der Sohn der Klägerin der anerkannte natürliche Sohn des Erblassers war; denn vor allem setzt das Gesetz nach dem klaren Wortlaut des Art. 334 des bürgerlichen Gesetzbuches zur Anerkennung eines natürlichen Kindes dessen Geburt voraus, zur Zeit des Notariatsaktes vom 20. Januar 1874 war aber jener noch gar nicht geboren; sodann enthält der Akt, welcher keinen anderen Zweck als die Beurkundung des Alimentationsversprechens gehabt hat, aber auch nicht einmal mit einem Worte die Erklärung des Erblassers, daß er sich als Vater des zu erwartenden Kindes bekennen wollte und bekannte. Daraus erklärt sich auch, daß am Rande des Geburtsaktes des Sohnes der Klägerin eine Anerkennung durch Nebel nicht vorgemerkt ist, was notwendig hätte geschehen müssen, und daß dieser Sohn stets den Familiennamen seiner Mutter führte. Hiernach sind die erbrechtlichen Ansprüche des Sohnes der Klägerin an den Nachlaß des Erblassers zurückgewiesen, aber auch weiter dargethan, daß die Klage auf Zahlung von 600 Mark für rückständige Alimentationsbeiträge abgewiesen werden muß, denn wenn keine Anerkennung des nasciturus vorliegt, so hat das Versprechen der Alimentationsbeiträge lediglich die Bedeutung der Bestätigung einer obligatio naturalis, deren Erfüllung im Wege der Klage nicht erzwungen werden kann. Anders würde die Sache liegen, wenn der Vertrag in der Form der Schenkung errichtet worden wäre, dann wäre der Schenkungswille die causa civilis, allein diese Form wurde nicht beobachtet, weil Urkundszeugen zu dem Akte nicht zugezogen worden sind; übrigens selbst wenn sie beobachtet worden wäre, so könnte die Schenkung, was sich Beklagte eventuell vorbehalten, propter liberos supervenientes widerrufen werden.

Aber selbst wenn aus dem mehrerwähnten Akte die Anerkennung der Vaterschaft heraus interpretiert werden könnte, so hätte dieselbe doch erst Bedeutung und Wirksamkeit mit der Geburt des Kindes erlangen können, welche in der Zeit der bereits abgeschlossenen Ehe des Erblassers fiel. Jene Anerkennung wäre daher gleichzuachten einer Anerkennung während der Ehe, so daß sie gesetzlicher Vorschrift gemäß weder der Ehefran noch den ehelichen Kindern des Erblassers vermögensrechtliche Nachteile bringen kann. Hiernach könnte also unter allen Umständen weder von einem erbrechtlichen Anspruch noch von einer Geltendmachung der rückständigen Alimentationsbeiträge die Rede sein.

Sollte das K. Landgericht diesen Rechtsausführungen nicht beitreten können, so wird die Erbschaftsklage aus dem weiteren Grunde bestritten, weil die Klägerin das Erbfolgerecht ihres Sohnes gar nicht geltend machen kann, da es zu dessen Lebzeiten noch nicht Bestandteil seines Vermögens und vererbbar geworden ist, denn der Erbfolger hat nicht die Nachlaßgewere und erwirbt seinen Anspruch auf den Nachlaß erst durch die Einweisung in dessen Besitz.

Was die in dem Scheine vom 31. Oktober 1890 anerkannten rückständigen Alimentationsbeiträge betrifft, so sind dieselben, nachdem mehr als 5 Jahre abgelaufen sind, verjährt und mag um allen Mißdeutungen zu begegnen darauf hingewiesen werden, daß die Schuld in jenem Scheine ausdrücklich als auf Alimentationsbeiträge beruhend bezeichnet wird. Damit fallen aber auch die hiefür verlangten Zinsen, soweit sie nicht ohnehin schon verjährt wären, da sogar über 5 Jahre hinaus rückständige Zinsen verlangt werden.

Sollten die Ansprüche der Klägerin im wesentlichen als begründet erachtet werden, so erklären sich die Beklagten damit einverstanden, daß auf der Grundlage der Teilung vom 1. Oktober 1895 und der Entscheidungen der Streitpunkte des gegenwärtigen Prozesses die Ansprüche an die Teilungsmassen mit der beantragten weiteren Verzinslichkeit festgestellt werden und Urteil erfolgt.

Aus diesen Gründen

gefalle es dem Kgl. Landgerichte die Klage mit Kosten abzuweisen.

Zweibrücken, den 15. November 1896.

Der Prozeßbevollmächtigte der Beklagten:
Fried,
Rechtsanwalt.

Abschrift erhalten.

Zweibrücken, den 16. November 1896.

Streit,
Rechtsanwalt.

Erwiderungsschriftsatz

für

Johanna Stauf, ledig und ohne Gewerbe in Ixheim wohnhaft, Klägerin durch Rechtsanwalt Streit vertreten,

gegen

1) Dorothea Flachs, ohne Gewerbe in Kontwig wohnhaft, Witwe des allda verlebten Kaufmanns Franz Nebel, 2) Maria Nebel und 3) Jakob Nebel, beide minderjährige

Kinder der ebengenannten gewesenen Eheleute Franz Nebel und Dorothea Flachs, vertreten durch ihre genannte Mutter als ihre gesetzliche Vormünderin und bei derselben wohnhaft, Beklagte, durch Rechtsanwalt Fried vertreten.

Die sämtlichen Einwendungen der Beklagten gegen die Klage sind nicht stichhaltig.

Die Bestreitung der Anerkennung der Vaterschaft durch den Erblasser in dem Akte vom 20. Januar 1874 ist angesichts der in der Rechtslehre und Rechtssprechung herrschenden Ansicht unbegreiflich. Die Beklagten haben sich weder die maßgebenden Grundsätze klar gemacht, noch haben sie den die Anerkennung betreffenden Inhalt jenes Aktes richtig gelesen und verstanden. Kann aber die Anerkennung mit Erfolg nicht bestritten werden, so steht auch das Erbfolgerecht des Sohnes der Klägerin fest; ist dies aber der Fall, so war der Erbanspruch auch zur Zeit seines Todes ein Gegenstand seines Vermögens und ist derselbe auf seine einzige Erbfolgerin übergegangen. Diese Frage hat mit der Nachlaßgewere auch rein gar nichts zu schaffen. Wenn Beklagte mit solchen Mitteln die Klage bestreiten müssen, so beweisen sie, wie wenig sie selbst an ihren Sieg in der Sache glauben. — Beruht aber das Erbfolgerecht auf der Anerkennung der Vaterschaft, so liegt dem Versprechen der Alimentationsbeiträge zweifellos eine causa civilis zu Grunde, wie die Beklagten unter jener Voraussetzung selbst zugeben müssen. Aber auch abgesehen von der Anerkennung der Vaterschaft, so wäre das fragliche Versprechen immerhin ein klagbares, da darüber kein Zweifel bestehen kann, daß ein jedes Alimentationsversprechen nicht anerkannten natürlichen Kindern gegenüber in einer beliebigen Urkunde, welche keine notarische Urkunde zu sein braucht, als auf einer causa civilis beruhend und allgemein als klagbar erachtet wird; allein es ist dies vorliegend nicht einmal die Frage, da das Versprechen der Kindesmutter gegeben worden ist, um ihr zu den Unterhaltungs- und Erziehungskosten den unter den

Parteien vereinbarten Beitrag zu leisten. Die causa civilis für dieses Versprechen liegt so nahe, daß darüber kein Wort zu verlieren ist. Daß man, und das sei hier nachgeholt, zur Beurkundung dieses Versprechens die Form eines Notariatsaktes gewählt hat, obwohl eine Privaturkunde die nämlichen Dienste geleistet hätte, ist ein weiterer Beweis, daß die Kontrahenten mit dem Akte noch einen anderen Zweck, nämlich die Anerkennung der Vaterschaft durch den natürlichen Vater erreichen wollten. Daß eine Schenkung der Alimentationsbeiträge vorliege, hat Klägerin noch nicht behauptet, die Anschauung widerspricht nach jeder Richtung ihrem Interesse.

Die Behauptung der Beklagten, daß die Anerkennung des Kindes, wenn gegen ihre Ansicht eine solche angenommen werden könnte, ihnen gegenüber wirkungslos sei, weil das Kind während der Ehe des Erblassers geboren worden sei, verdient keine ernste Widerlegung.

Von einer Verjährung der am 31. Oktober 1890 anerkannten Alimentationsbeiträge kann keine Rede sein, da für dieselbe eine neues Schuldbekenntnis ausgestellt wurde, demnach die 30jährige Verjährung eintritt. Was die Verjährung von Zinsen betrifft, so kommen überhaupt nur jene vom 1. November 1890 bis 31. Oktober 1891 in Betracht, allein die Beklagten übersehen bei dieser Einrede ganz, einmal daß die erste Zinszahlung erst am 1. November 1891 fällig war und deshalb nach dem Grundsatze „contra agere non valentem non currit praescriptio“ vor diesem Zeitpunkt eine Verjährung gar nicht laufen konnte, und zum andern, daß die Forderung gegen die ungeteilte Gemeinschaftsmasse geltend gemacht wird und daß diese Indivision am Todestage des Erblassers, 30. Juni 1895, eventuell für Klägerin am Todestage ihres Sohnes, 15. August 1895, entstanden ist, von welcher Zeit an bekanntlich eine Verjährung gegen einen Mitbeteiligten nicht mehr laufen konnte.

Aus diesen Gründen

gefalle es dem K. Landgerichte den Klageantrag der Klägerin zuzusprechen.

Zweibrücken, den 20. November 1896.

Der Prozeßbevollmächtigte der Klägerin:

Streit, Rechtsanwalt.

Abschrift erhalten:

Zweibrücken, den 21. November 1896.

Fried, Rechtsanwalt.

Protokoll

aufgenommen in der öffentlichen Sitzung der Zivilkammer des Kgl. Landgerichts Zweibrücken vom 1. Dezember 1896. Gegenwärtig: der Kgl. Landerichtspräsident Groß als Vorsitzender, die Kgl. Landgerichtsräte Klein und Kurz als beisitzende Richter, der Kgl. Sekretär Schmahl als Gerichtsschreiber.

In Sachen:

Johanna Stauf, ledig und ohne Gewerbe in Ixheim wohnhaft, Klägerin durch Rechtsanwalt Streit vertreten

gegen

1) Dorothea Flachs, ohne Gewerbe in Kontwig wohnhaft, Witwe des allda verlebten Kaufmanns Franz Nebel, 2) Maria Nebel und 3) Jokob Nebel, beide minderjährige Kinder der ebengenannten gewesenen Eheleute Franz Nebel und Dorothea Flachs, vertreten durch ihre genannte Mutter als ihre gesetzliche Vormünderin und bei derselben wohnhaft, Beklagte, durch Rechtsanwalt Fried vertreten,

wegen Forderung und Ausantwortung eines Nachlaßanteils.

Nach Aufruf erschienen die obengenannten Rechtsanwälte als Prozeßbevollmächtigte der Parteien, worauf der Vorsitzende die mündliche Verhandlung eröffnete.

Die Prozeßbevollmächtigten der Parteien verlesen ihre

in den vorbereitenden Schriftsätzen, welche dem gegenwärtigen Protokolle beigefügt sind, genommenen Anträge und begründeten dieselben durch mündlichen Vortrag in thatsächlicher und rechtlicher Beziehung im wesentlichen in gleicher Weise wie in den vorbereitenden Schriftsätzen.

Bei Vortrag des Thatbestandes verlas Rechtsanwalt Streit aus seinen Handakten folgende zu deu Gerichtsakten gegebene Urkunden:

1. Die Ausfertigung der Urkunde, errichtet vor Notar Guth in Zweibrücken am 20. Januar 1874,
2. Abschrift der von dem Standesbeamten in Ixheim am 30. April 1874 aufgenommenen Urkunde über die Geburt des Gottfried Stauf mit der am 5. Mai 1874 am Rande derselben von demselben Beamten aufgenommenen Anerkennung durch die Klägerin,
3) Schuldbekenntnis ausgestellt unter Privatunterschrift durch Franz Nebel mit dem Datum des 31. Oktober 1890.

Rechtsanwalt Fried verlas aus seinen Handakten und gab zu den Gerichtsakten:

Die Ausfertigung einer Urkunde des Kgl. Notar Feder in Zweibrücken vom 1. Oktober 1895 über die Teilung der zwischen den obgenannten Eheleuten Nebel bestandenen Gütergemeinschaft und des Nachlasses des Franz Nebel.

Nachdem die Sache erschöpfend erörtert worden war und die Prozeßbevollmächtigten auf Befragen des Vorsitzenden erklärt hatten, zu weiteren Bemerkungen keinen Anlaß zu haben, wurde vom Vorsitzenden die Verhandlung geschlossen und sodann nach stattgehabter Beratung das anruhende Urteil verkündet.

Worüber Protokoll, welches von dem Vorsitzenden und dem Gerichtsschreiber unterschrieben wurde, nachdem es den Rechtsanwälten der Parteien zur Durchsicht vorgelegen und ihre Genehmigung gefunden hatte.

Groß.

Schmahl.

Probe-Aufgabe

aus dem protestantischen Kirchenrechte für die Kandidaten der Pfalz 1896.

Die protestantische Pfarrei A, deren Sprengel sich mit dem Bezirke der politischen Gemeinde A deckt, soll infolge ihrer Größe dismembriert werden und zwar ist die Teilung in drei Parochien, entsprechend den 3 in der jetzigen Pfarrei vorhandenen Kirchen, in Aussicht genommen.

Bezüglich der vermögensrechtlichen Verhältnisse der Pfarrgemeinde A ist folgendes zu bemerken:

Die Pfarrei besitzt ein Kirchenvermögen von etwa 400,000 Mark dessen Renten zur Bestreitung der kirchlichen Bedürfnisse, insbesondere auch zur teilweisen Deckung der auf die Erbauung der dritten Kirche erlaufenen Schulden im Gesamtbetrage von etwa 1 Million verwendet werden. Da jedoch diese Renten zur Verzinsung und allmählichen Abtragung der Kirchenbauschuld nicht hinreichen und da auch die politische Gemeinde A verfügbare Einkünfte nicht besaß, wurde von dem gemäß art. VII. Ziffer 1 des Umlagengesetzes verstärkten Gemeinderate A die Erhebung einer 10% igen außerordentlichen Kultusumlage vorerst bis zum Jahre 1910 beantragt und mit Regierungsentschließung vom 10. Juni 1893 auch demgemäß festgestellt.

Der von der zuständigen kirchlichen Oberbehörde bezüglich der Dismembration gestellte Antrag führt hinsichtlich der hiebei in Frage kommenden Regelung der vermögensrechtlichen Verhältnisse Nachstehendes aus:

Die Abteilung des Vermögens und der Schulden der jetzigen Pfarrei unter die 3 neu zu bildenden Pfarreien werde auf nicht unerhebliche Schwierigkeiten stoßen. Denn es werde zweifelhaft sein, nach welchem Maßstab zunächst die Vermögensteilung erfolgen solle, ob nach der Seelenzahl der neuen Parochien oder nach dem Flächeninhalte derselben oder zu gleichen Teilen; bezüglich der Schulden aber werde es fraglich erscheinen, ob nicht die um die dritte Kirche gebildete Kirchengemeinde die für die Erbauung dieser Kirche aufgenommenen Schulden, als ausschließlich für ihre Zwecke erwachsen, allein zu übernehmen haben würde.

Demgemäß werde beantragt, von einer Abteilung des Vermögens und der Schulden gänzlich Umgang zu nehmen, dieselben vielmehr auch in Zukunft vereinigt zu lassen und das gegenwärtige Presbyterium zu A als ein den 3 neuen Parochien gemeinsames Organ mit dieser Vermögens- beziehungsweise Schuldenverwaltung zu betrauen. Dasselbe solle die Renten der Kirchenvermögens ihren Zwecken zuführen, die nach der Regierungs-Entschließung vom 10. Juni 1893 zu erhebenden Umlagen vereinnahmen und bestimmungsgemäß verwenden. Die eventuell nach dem Jahre 1910 erforderlich werdende Erhöhung oder Forterhebung der außerordentlichen Kultus-Umlage werde der durch einen Ausschuß des nach dem Vorerörterten für die 3 Parochien bestehenden Gesamtpresbyteriums verstärkte Gemeinderat zu beantragen haben.

Die Wahl des Presbyteriums der Gesamtkirchengemeinde solle in Zukunft wie bisher von den Mitgliedern derselben, sohin der sämtlichen 3 Parochien erfolgen.

In der Begründung dieses Antrages ist bemerkt: Es werde keinem Zweifel unterliegen, daß das gegenwärtige Kirchenvermögen Eigentum der jetzigen Gesamtkirchengemeinde sei und daß es daher, wenn von seiner Abteilung Umgang genommen werde, zu ungeteilten Teilen in das Miteigentum der 3 aus der alten Gesamtkirchengemeinde hervorgegangenen Einzelparochien übergehe. Ebenso verhalte es sich mit den zur Zeit vorhandenen Schulden. Auch für sie blieben die 3 neuen Kirchengemeinden als Rechtsnachfolger der jetzigen Kirchengemeinde in ihrer Gesamtheit haftbar. Daß die Verwaltung dieses gemeinsamen Vermögens und dieser gemeinsamen Schulden von dem Presbyterium einer einzigen Pfarrei, etwa der um die erste Kirche gebildeten, sondern nur von einem aus sämtlichen ehemaligen Bestandteilen der alten Gesamtkirchengemeinde gewählten Presbyterium besorgt werden und die Beschlußfassung über die gemeinsamen, in diesen Bestandteilen zu erhebenden Umlagen nur von dem durch einen Ausschuß des Gesamtpresbyteriums verstärkten Gemeinderat ausgehen können, werde einer weiteren Erörterung nicht bedürfen.

Nur eventuell, für den Fall der Ablehnung dieser Vorschläge, werden von der kirchlichen Oberbehörde folgende Anträge gestellt:

Das jetzige Kirchenvermögen und die vorhandenen Schulden sollen unter die 3 neuen Parochien abgeteilt werden. Die Abteilung solle pro rata der Seelenzahl der neuen Pfarreien erfolgen, da dieser Teilungsmaßstab immer noch der gerechteste sei und da auch wohl die vom Bau der dritten Kirche herrührenden Schulden nachdem sie von der Gesamtkirchengemeinde aufgenommen worden seien, die sämtlichen Bestandteilen derselben und nicht allein der Kirchengemeinde, in deren Sprengel die betreffende Kirche sich befinde, zur Last zu fallen haben dürften. Wenn nun auch diese Schulden ohne weiteres kraft des Dismembrationsaktes auf die neuen Kirchengemeinden übergingen, so werde doch den Schuldgläubigern nicht zugemutet werden können, statt der einen bisherigen Schuldnerin in Zukunft 3 nicht in dem gleichen Maße, wie diese, leistungsfähige Schuldnerinnen zu erhalten. Um dies zu verhüten, habe sie den verstärkten Gemeinderat A veranlaßt, sich durch formgerechte Beschlüsse zu verpflichten, die gegenwärtige 10⁰/₀ige Umlage auch nach Umwandlung der Kirchengemeinde A in 3 Einzelgemeinden bis zur gänzlichen Schuldentilgung fortzuerheben. Gleiche Beschlüsse würden auch die 3 Einzelgemeinden zu fassen und sich dabei verbindlich zu machen haben, die erhobenen Umlagen an ein noch zu bestimmendes Presbyterium einer der 3 Parochien abzuliefern, welches dieselben sodann ihrem Zwecke zuzuführen hätte.

Die betreffenden Beschlüsse des verstärkten Gemeinderates, welche die Bestätigung der K. Regierung gefunden hätten, würden hiemit vorgelegt.

Frage 1: Von wem sind die Anträge der kirchlichen Oberbehörde zu verbescheiden?

Frage 2: Welcher von den beiden der von der kirchlichen Oberbehörde gestellten Anträge hinsichtlich der Regelung der Vermögensverhältnisse bei der Dismembration erweist sich als rechtlich durchführbar? Eventuell mit welchen Modifikationen?

Frage 3: Gesetzt, die Dismembration ist durchgeführt worden, hiebei aber eine Regelung der Vermögens- und Schuldverhältnisse unterblieben,

a., was ist dann in dieser Beziehung rechtens?

b., gesetzt, die um die erste frühere Hauptkirche gebildete Kirchengemeinde sei in diesem Falle im Besitze des Vermögens der dismembrierten Kirchengemeinde geblieben, steht den übrigen neugebildeten Kirchengemeinden ein Rechtsanspruch auf die Substanz oder auf die Renten dieses Vermögens zu?

Welcher Natur wäre dieser Anspruch und von wem wäre er geltend zu machen und zu verbescheiden?

Die Entscheidungen sind zu begründen.

FSC
www.fsc.org
MIX
Papier | Fördert gute Waldnutzung
FSC® C083411

Kolibri 360 GmbH
Ferdinand-Jühlke-Straße 7
99095 Erfurt, Deutschland
produktsicherheit@kolibri360.de